La vida contada por un sapiens a un neandertal

Juan José Millás
Juan Luis Arsuaga

La vida contada por un sapiens a un neandertal

ALFAGUARA

Papel certificado por el Forest Stewardship Council®

MIXTO
Papel | Apoyando la silvicultura responsable
FSC® C117695

Penguin Random House Grupo Editorial

Primera edición: septiembre de 2020
Vigésima reimpresión: septiembre de 2024

Printed in Spain – Impreso en España

ISBN: 978-84-204-3965-5
Depósito legal: B-8152-2020

Compuesto en MT Color & Diseño, S. L.
Impreso en Unigraf, Móstoles (Madrid)

AL39655D

Índice

Cero. La visita a los abuelos

Un día, hace años, estuve en Atapuerca y al volver a casa, cuando me preguntaron que de dónde venía, dije:

—De ver a los abuelos.

Aquella experiencia cambió mi vida. Regresé convencido de que entre los habitantes supuestamente remotos del conocido yacimiento prehistórico y yo había una proximidad física y mental extraordinaria.

Lo sentí como se siente una llaga.

Los siglos que nos separaban eran calderilla frente a los milenios que nos unían. Los seres humanos hemos pasado el noventa y cinco por ciento de nuestra existencia en la Prehistoria. Acabamos de aterrizar, como el que dice, en este lapso brevísimo de tiempo que llamamos Historia. Significa que la escritura, por ejemplo, se inventó ayer, aunque tenga cinco mil años. Si cerraba los ojos y alargaba el brazo, podía tocar las manos de los antiguos habitantes de Atapuerca y ellos podían tocar las mías. Ellos estaban en mí ahora, pero yo ya estaba en ellos entonces.

El descubrimiento me trastornó.

La Prehistoria no solo no era un asunto del pasado, sino que gozaba de una actualidad conmovedora. Los hechos de aquella época me concernían más que los de mi siglo porque lo explicaban mejor. Me hice, pues, con una biblioteca básica sobre el asunto y comencé a leer. Como es habitual, cuanto más aprendía más se ensanchaba mi ignorancia. Leía y leía sin desfallecer porque el Paleolítico era una droga y el Neolítico eran dos drogas y los neandertales eran tres drogas, y yo me hallaba al borde de la politoxicomanía cuando comprendí que, dadas mi edad y mis limitaciones intelectuales, jamás llegaría a saber lo suficiente como para escribir un libro original, que era lo que me había propuesto desde mi viaje a Atapuerca.

¿Qué clase de libro?

Ni idea. A ratos era una novela, a ratos un ensayo, a ratos un híbrido entre el ensayo y la novela. A ratos, un reportaje o un largo poema.

Renuncié a mi objetivo, aunque no a la droga.

Entre tanto, sucedían cosas. Publiqué una novela, por ejemplo, que me invitaron a presentar en el Museo de la Evolución Humana, vinculado al yacimiento de Atapuerca, en Burgos. Conocí entonces al paleontólogo Juan Luis Arsuaga, director científico del museo y codirector del yacimiento. Arsuaga tuvo la amabilidad de hacerme una visita guiada de la institución que gobernaba. Algunos de sus libros habían formado parte de mi biblioteca básica sobre la Prehistoria o la evolución, y los había leído con avaricia, aunque no siempre con el provecho que se merecían, pues el paleontólogo no hace muchas concesiones cuando escribe. En otras palabras, no siempre me resultaba fácil colocarme como lector a la altura de Arsuaga como autor.

Como narrador oral, en cambio, me pareció atrevido, seductor, ágil. Lo escuchaba literalmente embobado porque cada dos o tres frases perpetraba un acierto expresivo admirable. Deseé adueñarme de ese discurso, que de algún modo era el mío. Observé además que para hablar de la Prehistoria mencionaba el presente del mismo modo que para referirse al presente departía sobre la Prehistoria. Borraba, en fin, las fronteras abusivas que la educación tradicional ha instalado en nuestras cabezas respecto de esos dos periodos y reforzaba, sin saberlo, mi sentimiento de proximidad con nuestros antepasados. Advertí, escuchándolo, que había entre aquello y esto un continuum en el que yo estaba atrapado emocionalmente, pero que me costaba articular de forma racional.

Pasó otro año durante el que seguí leyendo y leyendo hasta lograr, creo, abrir grietas en el fino cristal que me separaba de mis ancestros prehistóricos.

En el cristal que me separaba de mí mismo.

Publiqué otra novela y me las arreglé para que de nuevo me invitaran a presentarla en el Museo de la Evolución Humana. Pedí también a mis editores que me organizaran, si fuera posible, una comida con Arsuaga.

Comimos.

En el segundo plato, gracias al valor obtenido de la ingesta de tres o cuatro copas de Ribera del Duero, decidí ir al grano.

—Oye, Arsuaga, tú eres un narrador oral formidable. Para las personas ignorantes como yo, te explicas mejor cuando hablas que cuando escribes.

—Eso se lo debo a las clases —apuntó él—. Tienes que inventar mil recursos para que los alumnos no se duerman.

—El caso —seguí— es que tú y yo podríamos asociarnos para hablar de la vida.

—¿Asociarnos cómo? —preguntó.

—De la siguiente manera: tú me llevas a un sitio, al que quieras: a un yacimiento arqueológico, al campo, a una maternidad, a un tanatorio, a una exposición de canarios...

—¿Y?

—Y me cuentas lo que estamos viendo, me lo explicas. Yo hago mío tu discurso. Lo digiero, selecciono sus materiales, los articulo y los pongo por escrito. Creo que levantaríamos un gran relato sobre la existencia.

Arsuaga se sirvió una copa de vino, calló unos instantes y luego continuamos comiendo y hablando de la vida: de nuestros proyectos, de nuestros gustos y disgustos, de nuestras frustraciones... Me pareció que no le había interesado mi propuesta y que fingía no haberla escuchado.

Bueno, me resigné, seguiré intentándolo por mi cuenta.

Pero cuando llegó el café, me miró atentamente, sonrió de un modo un poco enigmático y dio un golpe en la mesa con la palma de la mano al tiempo que decía:

—Lo hacemos.

Y lo hicimos.

Uno. El florecimiento del piorno

—Esto es el gamón, la planta de los Campos Elíseos. Si un día te despiertas rodeado de gamón, es que estás muerto.

Observo los pétalos blancos de la herbácea, que se abren como una alucinación ante mis ojos, y me pregunto, dada la abundancia de estas flores, si no estaremos muertos el señor que me acaba de hablar y yo. El señor es Juan Luis Arsuaga, un paleontólogo. Yo soy Juan José Millás, un paleontologizado.

La sugestión de haber fallecido me da ánimos para seguir al científico, que se introduce ahora en las intimidades de una vegetación de escasa altura bajo la que se ocultan las irregularidades de un suelo sobre el que no resulta fácil mantenerse en pie. Ascendemos hacia la parte alta de una pequeña depresión en forma de uve por cuyo fondo discurre un riachuelo. Arsuaga recorre con agilidad un sendero casi invisible que se abre entre las flores. Yo procuro pisar donde ha pisado él, pero no siempre acierto, de manera que tropiezo y pierdo la posición vertical, y me levanto sin pronunciar un ay para evitar que se vuelva y me sorprenda en una postura humillante.

Al fin llega arriba del todo, donde se detiene y espera a que lo alcance para mostrarme un conjunto rocoso de granito que evoca el escenario de un gran teatro. Su telón está formado por una cascada de agua transparente. El ojo ve; el oído oye; el interior de la nariz se humedece; la piel reacciona con un movimiento de gratitud a la fina lluvia horizontal que se desprende del salto de agua y nos refresca. Todos los sentidos se ponen en guardia, pues hay desafíos para los cinco y para más, si dispusiéramos de ellos.

¿A qué hemos venido aquí? En principio, a ver la cascada, quizá también a que la cascada nos vea a nosotros. Por un instante, bajo el sol magnífico de las cinco de la tarde de un 14 de junio, advierto el divorcio experimentado a lo largo de mi vida con la naturaleza. Noto cómo los sentidos encargados de percibir el temblor de fondo de esa naturaleza, atrofiados por la falta de uso, se despiertan para proporcionarme unos segundos, quizá unas décimas de segundo, de enorme acuerdo conmigo mismo y con mi entorno.

Hola, cascada, digo sin despegar los labios. Bienvenido, Juanjo, me responde ella telepáticamente.

Tal vez, después de todo, sí esté muerto.

Lo cierto es que no recuerdo una combinación semejante de estímulos: el del aroma de las numerosas plantas; el de su variedad cromática; el de la frescura sonora de la cortina de agua; el de la novedad de respirar un aire sin plomo; el del rumor provocado por el aleteo de los insectos... Me viene a la memoria, qué le vamos a hacer, un anuncio de perfumes. Cada uno, incluso en el más allá, es víctima de sus referencias. Ahora bien, en esta ocasión no me encuentro en el sofá, delante de la tele, en esta ocasión estoy dentro del anuncio, como si me hubieran administrado un ácido. Nos hallamos en las profundidades de un templo sin paredes.

—¿Y qué es la naturaleza sino un templo? —supongo que habría dicho Arsuaga de haber abierto la boca.

Habíamos ido a presentar nuestros respetos a la cascada, pero también, y sobre todo, a ser testigos de la floración del piorno, una planta baja de cuyo tallo brota en esta época del año una flor de diferentes tonos amarillos que proporciona al paisaje el resplandor insólito de un Rothko.

Por un momento, la vida dejó de tener un lado siniestro, un costado amenazador. La vida, en ese instante, devino en puro desplazamiento y yo formaba parte de él, del desplazamiento de la vida. Así, mis ideas eran a ratos amarillas como el piorno, y a ratos blancas como el gamón, y moradas a ratos como el cantueso, pero verdes también, como la hierba o las espigas que salpicaban el paisaje. Y cada color ofrecía una variedad infinita de modulaciones por las que mi mente se desplazaba con la lentitud de la sombra de una nube sobre la retama.

El florecimiento del piorno.

Dentro de un mes, quizá antes, cuando el sol comenzara a apretar, aquellas tonalidades amarillas perecerían con la grandeza con la que muere lo pequeño.

—No hay nada como escaparse del colegio —dijo entonces Arsuaga.

Y así era. Nos habíamos escapado del colegio, pues a esa hora de aquel 14 de junio él debía estar en la Complutense, creo, corrigiendo exámenes, y yo en mi casa, intentando escribir las primeras líneas de una novela cuyos personajes me reclamaban desde hacía meses. En cambio, nos encontrábamos en el puerto de Somosierra, a unos noventa y cinco kilómetros de Madrid y a unos mil quinientos metros de altura, disfrutando de un asueto imprevisto.

—Aquí hubo, hace unos doscientos cincuenta millones de años, una cordillera tan alta como el Himalaya que se fue erosionando. Lo que vemos ahora son sus raíces —me ilustra el paleontólogo mientras emprendemos el camino de vuelta—. Este paisaje, muy reciente, es el resultado del abandono de la ganadería. El matorral echa a perder el pasto. En España —añade sin darse un respiro— hay dos grandes periodos: el primero va desde el Neolítico hasta 1958, con los planes de desarrollo de los tecnócratas del Opus. El campo hasta entonces era un sitio lleno de gente, lleno de voces, la vida en el campo no era triste, había niños. El campo era como una calle. En 1970 el campo se había vaciado, no quedaba nadie. Ningún país europeo tiene más del cinco por ciento de población agraria.

—Claro —asentí yo mirando de no tropezar.

—Por cierto, se me olvidó decirte que tienes que leer un libro que se titula *Por qué me comí a mi padre.*

—Vale, de qué va —pregunté, como si el título no lo resumiera.

—Tú léelo. Es de Roy Lewis. Mira qué robles. Aquí cerca hay también un bosque de abedules.

Dos. Todo es neandertal aquí

Volví a encontrarme con Arsuaga un par de semanas más tarde. Entre tanto, la sugestión de haber muerto iba y venía, pero cuando venía la disimulaba delante de mi familia y de mi entorno. Me hice el vivo, llevé vida normal y seguí enviando mis artículos a los periódicos para los que trabajo. Muchos estaban escritos como desde el más allá, aunque ningún lector me lo hizo notar. He de añadir que la existencia, durante aquellos días, cobró una luz insólita, además de un significado del que antes carecía.

El paleontólogo me había recogido a la puerta de mi casa poco antes del mediodía y ahora viajábamos en su Nissan hacia la sierra de Madrid.

—Te voy a dar una sorpresa —dijo.

Conducía él para que yo pudiera tomar notas en un cuaderno pequeño, de tapas rojas, que compré hace años en una librería de Buenos Aires y que reservaba para escribir un poema genial que parecía que iba a llegar y que no llegó. Ya ni lo espero.

Fuimos un rato en silencio, escuchando la radio, donde desmintieron un bulo que había circulado acerca de un personaje conocido.

—Somos una especie cotilla —apuntó Arsuaga a propósito de la noticia—, aunque el cotilleo está desprestigiado porque se asocia al chisme, y son cosas distintas. El chisme sirve para controlar la jefatura. Cuando un dirigente hace algo que contradice el pensamiento convencional, es víctima del chisme. ¿Cómo crees que se acabaron en la evolución las jerarquías basadas en la fuerza?

—Ni idea —dije.

—Acabaron gracias a las pedradas. Somos la única especie que lanza objetos con precisión. Los hombres prehistóricos desarrollaron esa capacidad que no está en los chimpancés. La puntería ha sido esencial en la evolución. Desarrolla el sistema nervioso y la musculatura. La razón por la que los chimpancés no tallan no es de orden cognitivo, es que carecen de la coordinación necesaria.

El paleontólogo volvió la cabeza y me miró como para averiguar si le seguía. Yo hice un gesto leve hacia la carretera para recordarle que el que conducía era él. Cuando de nuevo me ofreció su perfil, comprobé que es un perfil de pájaro en el que destaca la nariz. Hace tiempo, creo que en la radio, le escuché decir que la nariz proyectada es un rasgo específico del rostro humano. El resto de los primates la tiene chata. Desde entonces siempre observo con cierta extrañeza este apéndice de la gente, también el mío al mirarme en el espejo. Se trata, si uno se fija bien, de un añadido curioso. Un pegote en medio de la cara. La nariz de Arsuaga, como decía, le proporciona un aire de pájaro. Sus dientes, ligeramente desorganizados, contribuyen a este efecto. También su pelo, blanco y revuelto como la cresta de algunas aves tropicales.

El paleontólogo suspiró, sonrió con expresión de nostalgia, y continuó hablando:

—Los historiadores no tienen suficientemente en cuenta esta capacidad para lanzar piedras. Una pedrada en el cráneo de una hiena la mata. Los perros huyen cuando nos agachamos como para coger una piedra porque una pedrada en la boca los deja sin dientes. El lanzamiento de piedras es una cosa muy seria. No te sirve de nada ser el más bruto, si los demás miembros del grupo saben lanzar piedras.

—David contra Goliat —se me ocurrió.

—Ahí lo tienes —continuó él—. La fuerza fue sustituida por la política gracias a las piedras. Los chismes son nuestras piedras. Acaban con la reputación de alguien y lo inhabilitan para convertirse en jefe.

—¿Y el cotilleo?

—El cotilleo es una forma de coerción que impide que alguien se desvíe de la norma. Es muy opresivo, sobre todo en las comunidades pequeñas. Mira cómo está la retama. La jara, en cambio, ya no.

Entramos en el valle del Lozoya, por el que discurre el río del mismo nombre, en la sierra de Guadarrama, al noroeste de la Comunidad de Madrid.

—La sierra de Guadarrama —dijo cambiando de conversación— no es la más alta ni la más bella, pero sí la más culta. Todos los poetas y pensadores del regeneracionismo han escrito sobre ella. Los regeneracionistas no eran escritores de café, estaban ligados a la naturaleza. Son lo mejor de la cultura española del siglo XX. Tras la Guerra Civil, el campo y el deporte empezaron a estar mal vistos. Un intelectual, después de la guerra, no iba al campo. Mira a tu derecha: aquello es Peñalara.

Miré a mi derecha y de paso, furtivamente, eché un vistazo al reloj. Ya era la hora de comer, pero el paleontólogo no daba muestras de dirigirse a ningún restaurante. Cuando no como a mi hora, la caída del azúcar o de los carbohidratos, no sé, la caída de algo dentro de mi sistema endocrino me pone de mal humor, de manera que me costaba atender a lo que decía.

Pero en esto, tras dejar atrás un pueblo pequeño, de nombre Lozoya, entramos, literalmente hablando, en el paraíso.

Ante mis ojos se manifestó un paraje que no es de este mundo.

¿Otra prueba de que estamos muertos?

El sol, que se encontraba en lo más alto de su recorrido, provocó una borrachera de luz que excitaba los sentidos, dando lugar a una percepción como de realidad aumentada, quizá de sueño lúcido. Abrí la ventanilla del coche y al respirar respiré luz, sudé luz, la luz penetraba por mis poros, alcanzaba mis huesos, atravesaba su tuétano, salía por mi espalda y seguía su camino hacia el centro de la tierra, donde quizá devenga en una luz oscura que ilumine de forma inversa sus entrañas. No había nadie a nuestro alrededor, ningún coche, ninguna moto, ninguna bicicleta. De vez en cuando una sombra con forma de pájaro rasgaba la materia silenciosa de la que está hecho el aire.

—¿Estamos en el Valle Secreto? —pregunté.

—Sí —dijo el paleontólogo—, el valle de los Neandertales. Se le llama secreto porque está muy aislado.

Me había hablado de él en el encuentro anterior, prometiéndome que un día me llevaría a verlo. Para mí significaba visitar a los abuelos, pues soy neandertal. Lo sé desde el colegio porque los niños sapiens, que eran unos cabrones, me miraban raro. Tenía que llevar a cabo unos esfuerzos heroicos para ocultar mi neandertalidad, así que me pasaba la vida observándolos para imitar su comportamiento y no me quedaba tiempo para dedicarme al estudio. Suspendía todo, lo que me volvía más neandertal, si cabe. Mi familia, a simple vista, no parecía neandertal, por lo que deduje enseguida que era adoptado, un adoptado idiota, claro, hasta que tropecé en la tele con un programa de neandertales y me reconocí en el protagonista, que parecía una copia de mí o yo de él. Mis padres no se dieron cuenta de nada. Papá, que era un sapiens sapiens de los de pura cepa, dijo que menos mal que el hombre había logrado escapar de aquella condición.

«¿Por qué?», pregunté yo.

«Porque los neandertales —dijo él— carecían de capacidad simbólica».

No me atreví a preguntar en qué consistía la capacidad simbólica, pero consulté la enciclopedia y aprendí lo que era un símbolo. Las banderas, por ejemplo. A mí me parecían unos símbolos de mierda, pero fingí interesarme por ellas para hacerme pasar por sapiens. Estábamos rodeados de símbolos. El collar de perlas Majorica de mi madre, por poner otro ejemplo, también era un símbolo (de estatus). Averigüé asimismo que los neandertales y los sapiens habían intercambiado todo tipo de materiales, incluido el genético. Al principio, los sapiens daban a los neandertales collares de vidrio a cambio de comida porque a los sapiens les gustaba la gastronomía mientras que a los neandertales les fascinaba el resplandor. Al carecer de capacidad simbólica, pensaba yo, ignoraban el significado de ese resplandor, pero se quedaban encandilados con él. El caso es que de tanto intercambiar objetos, y como el roce hace el cariño, los neandertales y los sapiens empezaron a meterse en la cama juntos. Los sapiens, que eran los listos, lo hacían por vicio, mientras que los neandertales, más ingenuos, se acostaban por amor. Y ahí es donde comenzó el intercambio genético.

En mi calidad de neandertal pasé una adolescencia muy dura, pues no quería a las chicas por su dinero (la ausencia de capacidad simbólica me impedía apreciar el valor de los billetes de banco), sino por su resplandor. Pero a ellas les gustaban los jóvenes con capacidad simbólica, es decir, que conocieran el significado de poseer un Renault. No había manera de intercambiar material genético con ninguna. Aceptaban que las invitara a merendar, pero cuando les ofrecía una porción de semen salían corriendo.

Fue duro, todavía lo es. Continúo fingiendo que entiendo a los sapiens, que formo parte de ellos, pero la verdad es que sufro como un perro porque el sapiens ha llevado sus capacidades intelectuales hasta extremos difíciles de imitar.

El paleontólogo, en fin, me había traído de vuelta a casa. Esta era la sorpresa, supongo, de la que me había hablado al salir.

El espectáculo te dejaba sin respiración. Parecía un valle platónico, un valle arquetípico, un valle hiperreal.

Parecía EL VALLE.

—¿Tú te puedes creer que esto exista? —murmuró apagando el motor.

Abandonamos el coche en silencio. El paleontólogo había traído un paraguas que abrió para protegerse del sol, y comenzó a subir una suave pendiente en busca de una perspectiva más amplia.

—Mira —dijo mostrándome una planta—, esto es el gordolobo. Se utilizaba para pescar. Lo echaban a una poza como la que forma el río ahí abajo y los peces subían medio muertos. Observa cómo están los escaramujos. Y las amapolas. Las amapolas. La amapola es mi flor. Este rojo es inexplicable. Y no te pierdas la jarilla.

A medida que nombraba las plantas, las acariciaba suavemente con la yema de los dedos de la mano izquierda, sin dejar de sostener el paraguas con la derecha. Por mi parte, donde antes solo apreciaba un conjunto indiferenciado de vegetación, ahora, además de gordolobos, escaramujos y amapolas, veía conejitos y chupamieles y lino silvestre, de donde deduje que la palabra, como venía sospechando desde hacía tiempo, es un órgano de la visión. De una visión, en este caso, ampliada, porque allá donde volvía los ojos, descubría un fulgor insólito. Una simple abeja, con la cabeza hundida en los penetrales de una flor, devenía en una exhibición biológica extraordinaria.

—Los occidentales no entendemos nada —escuché decir a Arsuaga hablando más consigo mismo que conmigo.

El hombre del paraguas ascendía con ademanes de pájaro hacia un calvero que sobresalía de la superficie de la tierra como la tapa de los sesos de una calavera mal enterrada. Pensé en un mar de piedra.

—Pura caliza —me leyó el pensamiento—. Por eso hay tantas cuevas, por la caliza.

—¿A qué altura estamos?

—A mil cien metros. Este es un valle tectónico, no un valle fluvial.

—¿Cuál es la diferencia?

—En el tectónico el río se adapta al valle porque no lo ha creado él, lo crearon la orogenia y la tectónica. El Sistema Central es una alineación elevada de la que nacen ríos que van a parar al Tajo y al Duero. Son valles transversales. Los ríos excavan su cauce y descienden luego hacia el centro de las dos mesetas. Así se forma la red fluvial. Decimos que este valle es invisible porque no se ve desde ningún lugar de la sierra. Aquel paso es el Malangosto, por ahí andaba el Arcipreste de Hita, que era el párroco de Sotosalbos. Ahí es donde se encuentra con la serrana peluda como un oso con la que tiene que yacer para que le deje pasar. Era el peaje. Aquí había osos.

Nos desplazamos sobre el mar de piedra, sobre las tapas de las calaveras, a pleno sol, Arsuaga protegido por su paraguas. Cada calvero contiene un yacimiento prehistórico.

—Aquí —dijo— ha habido mucha biodiversidad porque hay agua y hay varios pisos de vegetación. Fíjate bien: junto al río están los fresnos; luego, los robles; después tienes el pinar y, por encima, un piso de matorral alpino. Finalmente, arriba del todo, el césped alpino. Ascender por un puerto de montaña es como viajar hacia el Polo. Esto se llama disyunción ártico-alpina.

Llegamos a los yacimientos prehistóricos, cubiertos por enormes sábanas de plástico que parecen sudarios.

—Aún no ha empezado la temporada de las excavaciones —explicó Arsuaga—, por eso los tenemos tapados.

Le pregunté si podíamos levantar el plástico y entrar en una de las cuevas cuyo interior se vislumbra a través de él, y negó con expresión de censura.

—Estas cuevas —añadió— estaban petadas. En los yacimientos hemos encontrado leones. El león está en la cúspide de la cadena alimenticia, de modo que, cuando hay leones, hay bisontes, caballos, gamos, uros, jabalíes..., lo que quieras. Hay de todo. Es un sitio muy favorable para los humanos porque los animales no tienen escapatoria. Puedes acorralarlos. Lo peor para la caza es la estepa, a menos que sepas montar a caballo. Castilla era entonces el desierto del Gobi.

—¿Y los neandertales dónde están?

—Todo es neandertal aquí. Mira, una cueva que no tiene techo, aunque lo tuvo. Estamos hablando de hace cincuenta mil años. Aquí hemos encontrado los dientes de una niña neandertal y cráneos de animales con cuernos que en realidad eran trofeos, pues su conservación no respondía a un comportamiento utilitario, sino de orden ritual.

—¿Comportamiento simbólico?

—No cabe otra explicación.

Me pregunto: ¿de dónde rayos sacó entonces mi padre que los neandertales carecían de capacidades simbólicas? Me hice escritor para fingir que disponía de ellas y resulta que las tenía de verdad.

En un arranque de emoción, estuve a punto de hablarle al paleontólogo de mi neandertalidad, pero me reprimí porque apenas nos habíamos visto un par de veces y no quería causar mala impresión tan pronto.

En estas, nos detuvimos junto a unas rocas que parecen proceder de un desprendimiento. Me explicó:

—La roca hacía de visera, de cornisa, y creaba un abrigo semejante al de la marquesina de un autobús. Como ves, la visera se desplomó, estas piedras son sus restos. Debajo de ella, aquí mismo, había un campamento neandertal. Hablamos de hace unos setenta mil años. Aquí hacían fuego y consumían. Devoraban las presas hasta la última caloría. Un bisonte quedaba reducido a un conjunto de huesos. Aquí tallaban también utilizando una técnica bastante compleja conocida como el método Levallois o Núcleo Preparado.

Mientras describía minuciosamente el método, al que no prestaba atención en defensa propia, observé el lugar y por un instante vi el campamento neandertal en todo su detalle. Lo vería, aunque cerrara los ojos, porque la escena sucedió al mismo tiempo dentro y fuera de mi cabeza. Lo primero que advertí es que bajo aquella cornisa que les sirve de abrigo no hay lunes ni martes ni miércoles, ni siquiera domingos por la tarde, ¡qué bien! No hay enero ni febrero ni marzo, ni navidades, claro. Tampoco son las doce del mediodía ni las tres de la tarde porque no se han inventado las horas, bastante tienen con hacer fuego, curtir las pieles que los protegerán del frío, y preparar los utensilios para la caza.

Hay un grupo de hombres y mujeres de todas las edades. Viejos, jóvenes, bebés, personas de mediana edad. Influido por la lectura de un libro del propio Arsuaga, me fijo en una neandertal adolescente que intenta extraer el tuétano del hueso de un herbívoro. La chica deposita el hueso sobre una piedra plana, que utiliza a modo de yunque, y lo golpea con una piedra redonda. Al principio, hueso y piedra resbalan, pero después de algunos intentos el fémur (si es un fémur) del bisonte (si es un bisonte) se astilla y la chica accede a su médula, que constituye un chute calórico brutal.

La voz del paleontólogo me sacó de mi ensimismamiento:

—Aquí había mucha caza, pero no había sílex para fabricar armas, de modo que se adaptaron a lo que tenían, que era cuarzo. El cuarzo es una mierda, pero le sacaban un partido increíble con el método de talla que acabo de explicarte.

—Ya —dije asintiendo exageradamente, para que no se notara mi falta de atención.

—Y ahora —añadió Arsuaga— vamos a ir al puerto de Cotos y nos vamos a tomar unos judiones de La Granja y un par de huevos fritos en el restaurante de mi amigo Rafa. Después bajaremos por el otro lado de la sierra y así completaremos el circuito.

Se me había olvidado el hambre, pero al nombrar los judiones los vi también en mi cabeza, igual que los huevos, a los que añadí por mi cuenta unas patatas fritas.

Mientras bajábamos hacia el coche, le pregunté cuándo podría entrar en uno de los yacimientos.

—Lo que no has pillado todavía —dijo debajo de su paraguas africano— es que la Prehistoria no está en los yacimientos, eso es lo que se creen los ignorantes. La Prehistoria no se ha ido, mira a tu alrededor, está aquí, por todas partes. La llevamos tú y yo dentro. En los yacimientos solo hay huesos. La Prehistoria está en el animal que pasa como una sombra.

La cerveza está fría y los judiones, en su punto.

—¿Qué es lo que define a una especie? —pregunto.

—Pregúntate primero por qué hay especies —dice Arsuaga.

—¿Por qué hay especies?

—Hay especies porque lo decides tú. En la naturaleza todo fluye, no hay nada estático.

—Pero habrá un consenso científico, supongo, respecto a lo que llamamos especie.

—Si te empeñas, llamamos especie a lo que es reconocido como diferente y no hibrida, aunque luego, en la naturaleza, se cruzan los coyotes con los chacales.

—¿El neandertal es una especie diferente del sapiens?

—Eso lo decides tú. ¿Están o no están buenos los judiones?

—¿Cómo voy a decidirlo yo?

—¿Cuándo una villa es una ciudad? ¿Cuándo una colina es una montaña? ¿Cuándo una ola pequeña es una ola grande?

—Vale, pero ¿el neandertal es una especie o no? ¿Tú qué decides?

—Si insistes, yo decido que sí. Vamos a pedir otra cerveza.

—Sin embargo, se hibridó con el sapiens.

—El español no es árabe, pero decimos almohada. Eso es un préstamo lingüístico. Los préstamos genéticos son como los préstamos lingüísticos. No es lo mismo una hibridación que un préstamo.

—Ya.

—No te empeñes: la naturaleza no está hecha para las categorías humanas. Había animales antes de los zoólogos, aunque algún zoólogo lo negará. Nos pasamos la vida categorizando. Mira, ahí vienen los huevos, verás qué huevos.

El paleontólogo se echa hacia atrás en un gesto que intenta abarcar el paisaje, pues nos hallamos fuera, en la terraza del restaurante de su amigo Rafa, a la sombra de un pino.

—¿Vivimos o no vivimos como ricos? —pregunta con una sonrisa maliciosa.

Tres. *Lucy in the sky*

Al llegar el verano, el paleontólogo se fue a sus excavaciones y yo me retiré a mis escrituras temiendo, claro, que la separación, tan larga, deviniera definitiva. Arsuaga no es hombre de muchos correos electrónicos, ni de mucho contacto telefónico, ni por supuesto de wasap. Arsuaga es distante, de manera que quizá el verano constituyera una ruptura difícil de reparar en el otoño. Sorpresivamente, el 1 de agosto recibí un correo en el que me ponía deberes: debía observar las huellas que dejaban en la playa los niños de tres o cuatro años.

—Si lo haces —me prometió—, te explicaré la locomoción bípeda.

Adjuntaba al correo la huella del pie de su hija añadiendo que Lucy tenía la estatura de un crío de tres o cuatro años.

¡Dios mío, Lucy!

Lucy, cuyos restos fueron descubiertos en Etiopía en 1974, vivió hace unos tres millones de años. Medía poco más de un metro de altura, pesaba menos de treinta kilos y murió hacia los veinte años. Sus huesos aparecieron mientras sus descubridores escuchaban *Lucy in the Sky With Diamonds,* la canción de los Beatles.

Lucy perteneció a un género de homínido (el australopiteco) que habitó África hasta hace un par de millones de años. En mi fantasía, fue la primera mujer bípeda de la historia y he sentido por ella, desde siempre, una piedad sin límites. Me la imagino descendiendo del árbol, poniéndose de pie sobre sus cuartos traseros y atravesando el límite que separaba la selva de la sabana sin otras armas que esas dos manos anudadas al final de sus brazos como dos prótesis que aún no sabía cómo utilizar. Me conmueven hasta el tuétano la curiosidad y el desamparo de ese ancestro tan menudo, tan frágil, que acaba de abandonar la copa de los árboles para conquistar la superficie de la tierra, habitada por depredadores terribles como el león, pero también por microorganismos infecciosos para los que su sistema inmune no estaba preparado.

La alusión de Arsuaga a Lucy casi me hizo llorar, de modo que bajaba cada día a la playa dispuesto a observar las huellas de los niños de tres o cuatro años y tomaba notas y las fotografiaba. Y en cada una de las huellas veía una representación de Lucy. Y me pareció que el pie era una arquitectura complejísima, mucho más que la más aparatosa de las bóvedas de las catedrales góticas. Y me pregunté si cada vez que a lo largo de la Historia nos habíamos elevado un centímetro del suelo, había entrado en nosotros un centímetro de YO. ¿Con cuántos centímetros de YO se había enfrentado Lucy a la sabana?

¡Qué cosa extraña, pensé, la BIPEDESTACIÓN y el YO!

Respondí al correo de Arsuaga con estas consideraciones sentimentales (quizá sentimentaloides), a las que dedicó una frase educada para explicarme a continuación cómo hacemos al caminar:

«El pie —decía— cae sobre el talón, que es el pilar posterior de la bóveda plantar. Luego se transmite el peso por el borde exterior hasta que se apoya en el pilar anterior de la bóveda. A continuación, se flexionan los dedos y el pie se apoya en ellos. El empuje final lo da el dedo gordo y la pierna sale impulsada hacia delante como un péndulo. Las huellas de los australopitecos bípedos de hace tres millones y medio de años son exactamente iguales a las de nuestros niños en la arena de la playa. Toda esa biomecánica la hacemos sin pensar.»

Leí su correo en el móvil, a primera hora de la mañana, mientras caminaba por la playa de Aguilar, en Muros de Nalón, Asturias. Tomé conciencia de la forma abovedada de mis pies y me hice cargo del pilar anterior y del posterior, y comprobé, en efecto, que pisaba con el talón y que la energía provocada por ese golpe se transmitía al pilar delantero a través del empeine, y que a continuación la fuerza llegaba a los dedos, en especial al pulgar, que hacía de muelle para impulsar la pierna hacia delante. La bipedestación me pareció un milagro gramatical, pues todo ese movimiento que iba de la parte posterior del pie a la anterior se podía analizar sintácticamente como una frase. Sujeto, verbo, complemento directo. Pensé que ya nunca volvería a caminar a tontas y a locas.

Más tarde, en casa, busqué en el ordenador *Lucy in the Sky With Diamonds*, y la escuché una y otra vez mientras recorría la habitación de un lado a otro.

Picture yourself in a boat on a river,
with tangerine trees and marmalade skies.
Somebody calls you, you answer quite slowly,
a girl with kaleidoscope eyes.

(Imagínate en una barca, en un río,
con árboles de mandarina y cielos de mermelada.
Alguien te llama, respondes despacio,
una chica con ojos de caleidoscopio.)

Alucinante.

Cuatro. La grasa y el músculo

Ya en septiembre, el paleontólogo me citó un día a las ocho de la mañana en la puerta de los Jerónimos del Museo del Prado. Fue un alivio recibir noticias suyas, pues no habíamos vuelto a intercambiar ningún correo desde los de Lucy, pero le respondí que la pinacoteca (esa es la palabra que me salió, pinacoteca) no abría hasta las diez. Dijo que no me agobiara, que ya se ocuparía él de eso.

—Tú estate allí a las ocho.

Los sapiens influyentes, pensé, se hacen muchos favores entre sí.

El día anterior al encuentro empezó a dolerme una muela que llevaba meses dándome la lata. Llamé al dentista y dijo que tenía un hueco justo a la misma hora a la que me había citado Arsuaga. Renuncié al dentista por miedo a perder al paleontólogo y, tras una noche de perros, antes de salir de casa, me bebí una ampolla de Nolotil que guardaba en mi cajón secreto de pócimas para el dolor y la angustia (pero también para el suicidio). Estas ampollas son en realidad inyectables, aunque en casos extremos se pueden tomar por vía oral. Conviene mantener su contenido en la boca durante un rato, pues de ese modo se filtra a través de las mucosas y alcanza los centros del dolor en cuestión de segundos.

El aire de la mañana, fresco ya debido a la época del año, me estimuló y bajé por mi calle en dirección al metro sintiendo que la encía se acorchaba por los efectos del fármaco. Estaré bien, me prometí en el vagón del subte, mientras ojeaba las últimas notas del cuaderno de tapas rojas adquirido en Buenos Aires para escribir un poema genial.

Llegué al lugar acordado media hora antes, según mi costumbre, y di una vuelta por los alrededores atento al recorrido que las moléculas del metamizol magnésico del Nolotil efectuaban a través de los surcos de mi cerebro, donde se acababa de despertar la endorfina del optimismo, si tal cosa existe. El bienestar iba ganando la batalla al desasosiego. Caí entonces en un estado reflexivo bajo cuya influencia estuve a punto de entrar en la iglesia de los Jerónimos para conversar un rato conmigo mismo («quien habla solo espera hablar a Dios un día»), pero desistí temiendo que me viera un crítico literario y me sacara en Instagram. O en Twitter.

A las ocho en punto me encontraba en el lugar acordado, desde donde vi llegar al paleontólogo acompañado de una señora. Cuando estuvimos cerca nos dimos la mano e hizo las presentaciones:

—Lourdes, mi mujer. Este es Juanjo.

Saludé educadamente a Lourdes, pero no me gustó que hubiera venido con ella. Esto no era una cosa de matrimonios. Desde nuestros primeros encuentros, Arsuaga y yo habíamos construido una relación de varones heterosexuales que funcionaba. ¿Por qué, pues, alterarla? Tuve la impresión de que el paleontólogo había quebrado un acuerdo implícito que quizá solo había estado en mi cabeza. La presencia de Lourdes me provocó, en fin, unos celos preventivos, además de una pérdida de autoestima. En algún momento de la visita al Prado, pensé, me abandonaría para dedicarse a ella.

Nos abrió la puerta de la pinacoteca (otra vez la pinacoteca) Víctor Cageao, arquitecto de la institución que nos acompañaría también durante el recorrido y con quien Arsuaga intercambiaba todo el rato puntos de vista acerca de los últimos cambios del museo. En un aparte, rogué al paleontólogo que no le diera tanta cuerda al arquitecto, ya que eso nos desviaba de nuestro objetivo, fuera cual fuese, pues yo todavía lo ignoraba. Me miró como si fuera un maleducado y dijo:

—Hombre, hombre, nos han hecho el favor de dejarnos entrar a esta hora.

Decidí resignarme y me incorporé al grupo aparentando naturalidad. Nuestros pasos de bípedos calzados producían ecos en las galerías vacías. No podía quitarme de la cabeza la BIPEDESTACIÓN. Ni el YO. Ahí íbamos cuatro YOES BIPEDESTANTES en busca del conocimiento.

Llegamos de súbito a una estancia circular conocida como la Sala de las Musas, por albergar a las nueve, cada una sobre un pilar de mármol: Calíope, Clío, Erato, Talía... El paleontólogo nos explicó que aquellas estatuas habían formado parte de la villa de Adriano.

—Este Adriano —añadió— es el de *Las memorias de Adriano,* que tradujo Cortázar.

Se refería, en efecto, a la novela de Marguerite Yourcenar vertida al español por el autor argentino.

—Pero estas musas —concluyó antes de que nos empezáramos a detener frente a cada una— están todas vestidas, de modo que no nos interesan para el objeto que nos ha traído aquí.

Como he señalado, ignoraba el objeto que nos había llevado al museo, pero no pregunté por si metía la pata.

Seguimos atravesando salas, provocando ecos con nuestras pisadas. Lourdes y yo guardábamos silencio mientras Arsuaga conversaba animadamente con el arquitecto. Las moléculas del principio activo del Nolotil continuaban, por su parte, explorando las rugosidades del contenido de mi cráneo, provocando destellos de optimismo aquí y allá, aunque reduciéndome al mutismo, como si al atravesar el área del lenguaje hubieran limitado su capacidad. Se trataba en parte de un silencio rencoroso, por la presencia de Lourdes y del arquitecto, y en parte de un silencio impuesto por el acorchamiento de la encía, ya que temía despertar el nervio de la muela si abría la boca.

De paso a nuestro destino, fuera cual fuese, nos detuvimos frente a una cabeza de bronce cuya visión no podía dejar indiferente a nadie, por lo menos a nadie que se hubiera tomado un fuerte analgésico dos horas antes.

—Ahora se dice que esta cabeza es de Demetrio Poliorcetes, rey de Macedonia —informó Arsuaga—, pero a mí me gustaría creer que es de Alejandro Magno.

Me acerqué a ella, a la cabeza, que quedaba a la altura de la mía y comprendí que debió de pertenecer en su origen a una estatua de colosales dimensiones. Gracias a la restauración, muy reciente, ha adquirido el color original del bronce. Pese a alguna grieta y una ligera corrosión en la nariz, se aprecian a la perfección sus rasgos, que son los de un joven bellísimo, muy atlético, de cabello ensortijado, que deja al descubierto unas orejas admirables, y unos labios gruesos, fastuosos, ligerísimamente entreabiertos. El conjunto transmite un grado de serenidad narcisista que ningún ansiolítico de última generación sería capaz de proporcionar. Se deduce de la expresión del joven una forma de estar en sí de carácter platónico. Pese a la complejidad mental que se adivina tras la abultada frente, no parece tener preocupación alguna. Las cuencas de los ojos, vacías, observan sin embargo al espectador como si esos vanos contuvieran unas pupilas invisibles.

—Míralo de perfil —oí decir a Arsuaga.

El paleontólogo posee una habilidad endiablada para hallar el emplazamiento de cámara adecuado para la observación del mundo antiguo. La observé de perfil y también desde esta perspectiva resultaba de una perfección desenfrenada. Me llevaría a casa esta cabeza del 300 o así a. C.

—Parece que está recién afeitado —dije al observar la superficie tersa de sus mejillas.

—Excelente observación —dijo Arsuaga restableciendo mi autoestima—. El primer gran personaje de la historia que se afeita la barba es Alejandro Magno. Su padre, Filipo II, en cambio, no. Búscalo en Google y verás. Toma nota: la barba es un carácter sexual secundario.

—¿Alejandro era homosexual? —pregunté.

—Alejandro es inclasificable, inasequible, es como un dios. No tiene aristas, no se le puede catalogar ni estudiar. Sus contemporáneos se preguntaban de dónde había salido. Él mismo preguntó al oráculo quién era su padre y el oráculo le respondió que Zeus. De todos modos, el asunto de la barba nos viene bien porque hoy estamos en la diferenciación de los sexos.

De modo que estábamos en la diferenciación de los sexos, me dije. Habíamos venido al museo por cuestiones de carácter venéreo. El paleontólogo daba la impresión de dispersarse, pero siempre iba tras un objetivo.

Dejamos atrás, con gran dolor, la cabeza de bronce de Alejandro (o de Poliorcetes, rey de Macedonia, según) y nuestros pasos nos condujeron a una sala en la que fuimos recibidos por la escultura en mármol de un joven desnudo.

—He aquí una de las mejores réplicas que existen del Diadúmeno de Policleto (siglo v a. C.) —nos ilustró Arsuaga—. Toda una exaltación de la juventud. El Diadúmeno —continuó— es ese joven atleta que se pone la cinta en la cabeza. Cuando encontraron esta, no la identificaron correctamente, pues le faltaba el brazo derecho, y se lo colocaron como si fuera un arquero. Debería tener los dos brazos elevados, con las manos a la altura de la frente. Pero bueno, ahí lo tenéis en todo su vigor. Los griegos se inventan el cuerpo humano, porque el cuerpo humano no es así. Ese músculo de la rodilla, por ejemplo, no existe. Pero el conjunto es espléndido, y el culo es uno de los mejores culos de la historia del arte.

Rodeamos la estatua y observamos el desnudo de arriba abajo, fascinados por las falsas transparencias que proporciona el mármol y por el ritmo de la piedra, pues la mirada del observador se desliza de la cabeza al torso y del torso a la cintura y de la cintura a los muslos del atleta como por los versos de un soneto. La postura de los pies me trajo a la memoria el asunto de la bipedestación, pero Arsuaga insistía en que ese era el día del dimorfismo sexual, de manera que observamos atentamente el cuerpo del joven, destacando sus caracteres secundarios.

Más tarde, mientras nos alejábamos de la estatua, el paleontólogo nos explicó que Darwin descubrió dos principios:

—Darwin se veía como el Newton de la ley de la gravitación universal. Busca leyes que esclarezcan el dimorfismo. La selección natural explicaba las adaptaciones ecológicas, el lugar de cada animal en el nicho correspondiente de la naturaleza. Y eso lo solucionaba casi todo, pero tenía que haber otra ley: la de la selección de pareja. En otras palabras, no todo es adaptación al medio. También está la lucha por la reproducción y ahí aparecen asuntos muy curiosos: la cola del pavo real, por ejemplo, no solo no es adaptativa, sino que constituye un estorbo.

Por un instante, pensé que la sabiduría del paleontólogo es su cola de pavo real. Pero me temí que no la exhibía ante mí y comprendí de súbito por qué había venido su mujer. Dios me perdone este ataque heterosexual de celos que intenté apartar de mi cabeza para no perderme el asunto de la diferenciación sexual.

—En los mamíferos —le escuché decir cuando volví en mí—, el más fuerte es el macho. En las aves, en cambio, es al revés. Pero no todo es una cuestión de tamaño ni de fuerza. El urogallo, sin ir más lejos, canta. Hay órganos sexuales primarios y secundarios. Los primeros tienen que ver con la reproducción; los segundos, con la elección de pareja.

—Y, además de la barba, ¿cuáles son, en nuestro caso, los caracteres sexuales secundarios? —pregunté.

—Todo aquello que sirva para distinguir a un hombre de una mujer, observados desde cualquier punto de vista, es un carácter secundario. Por ejemplo, las mujeres tienen senos abultados, lo que no se da en otras especies de primates. La hembra del chimpancé carece de ellos. Imagínate a una chimpancé con unas buenas tetas y con una buena cintura.

Me la imaginé y sonreí.

—La barba —añadió Arsuaga— no tiene ninguna función ecológica. No es más que un atractivo.

—Ya —dije un poco ido: quizá el principio activo del Nolotil se encontraba en el momento de mayor eficacia, pues me costaba un poco centrar la atención. Además, todavía no me había repuesto del impacto emocional generado por la visión del bronce de Alejandro y del desnudo del Diadúmeno.

Tras una breve ausencia mental, explicable solo por los efectos secundarios del fármaco, me di cuenta de que habíamos avanzado y de que estábamos detenidos en la mitad de uno de los pasillos que comunican una sala con la siguiente. Arsuaga me miraba como esperando que dijera algo, pero no sabía qué decir porque no sabía qué me había preguntado. Entonces intervino él:

—Si tú quieres saber por qué te gustan las mujeres —apuntó—, te tendrás que preguntar qué tienen las mujeres en común.

—No sé adónde vas a parar —respondí intentando orientarme espacialmente.

—Lo que venía diciéndote es que la representación de la mujer, a lo largo de la historia del arte, cambia más que la del hombre. Esa es mi opinión.

—Ya —dije.

—El canon femenino —continuó— es más variable, pero por debajo de la diversidad tiene que haber algo inmutable. No es posible que todo sea cultura, tiene que haber biología. ¿Me sigues?

—Más o menos.

—Cuando salen a relucir estas cuestiones, la gente tiende a radicalizarse: para algunos todo es cultura y para otros todo es biología. La cultura es una capa más. A ver cómo te lo digo: nosotros disponemos de ojos y disponemos de microscopios que nos permiten acceder a donde el ojo no llega. Los ojos son la biología y el microscopio es la cultura. ¿Vale?

—Vale —asentí satisfecho de que el paleontólogo se hubiera centrado finalmente en mí mientras su mujer y el arquitecto departían unos pasos más allá.

—Pues bien, ¿qué es lo que hace atractivo a un hombre para una mujer y a una mujer para un hombre?

—Si me lo preguntas, no lo sé; si no me lo preguntas, lo sé —respondí parodiando la respuesta de San Agustín sobre el tiempo.

—La posibilidad de reproducirse —dijo él ignorando mi broma—. El atractivo sexual está muy relacionado con la fertilidad. Eliges y te eligen, más allá de las modas culturales, en función de esa cuestión de orden biológico.

A partir de ese instante, la encía se desacorchó, si existiera el verbo *desacorchar,* y un pulso asesino, procedente del nervio de la muela, empezó a enviar señales de morse a mi cerebro. Entré en pánico.

—¿Te pasa algo? —preguntó el paleontólogo.

—Nada —dije yo.

—Pues entonces vamos a ver la *Judit* de Rembrandt y *Las tres Gracias* de Rubens.

De camino a las pinturas señaladas nos detuvimos en *Adán* y en *Eva* de Durero.

—Mira qué modernos —exclamó Arsuaga—. Todavía no se han comido la manzana.

—¿La manzana era el sexo? —pregunté

—Quédate con esto —respondió sin hacer caso a mi pregunta—: la grasa y el músculo.

—La grasa y el músculo —repetí—. Vale.

Fingí ver la *Judit* de Rembrandt y *Las tres Gracias* de Rubens, pero la verdad es que estaba ciego de dolor. Debería haberme traído otra ampolla de Nolotil para el camino. A continuación, sufrí otra ausencia tras la cual me encontré frente a las *Majas* de Goya. Ni idea del tiempo que había transcurrido entre el pintor neerlandés y el español.

—Aquí tienes la solución al enigma —escuché decir al paleontólogo con entusiasmo—. La grasa y el músculo. Fíjate en la proporción cintura/cadera de *La maja desnuda.*

Me fijé.

—Esa proporción transmite una idea de fertilidad y esa constante se ha mantenido desde las representaciones de la Prehistoria hasta nuestros días. Esta mujer es una mujer fértil. Ovula. Puede cambiar todo lo demás con las modas, pero eso no. En los hombres predomina el músculo, y en las mujeres, la grasa. Pueden cambiar las cantidades de grasa o de músculo, pero no su distribución. Las curvas de las mujeres, que tanto nos atraen a los hombres, se deben a esa distribución. ¿No te parece asombroso?

—¿El qué?

—El dimorfismo sexual.

—Sí —dije.

—Cada especie tiene sus diferencias sexuales. Te estoy explicando las nuestras. Y nos ha faltado el arte moderno. Piensa en las mujeres de Modigliani.

Dios mío, las mujeres de Modigliani, me dije en un ay de dolor.

Cinco. La revolución de lo pequeño

El paleontólogo me puso un correo citándome a las nueve de la mañana de un día de mediados de noviembre a las puertas del mercado madrileño de Chamartín. Dijo que venía de Dublín y que se iba a Burgos, pero que disponía de tres horas para enseñarme algo.

Lo vi salir de un coche con la agilidad de un adolescente. Me pareció que estaba contento y animoso. Dublín le había sentado de cine. Cuando Arsuaga está feliz, comunica muy bien y añade a su elocuencia un sentido del humor compasivo. Compasivo con la humanidad y sus derivas.

Tras los saludos de rigor, entramos en el mercado y nos detuvimos enseguida ante un puesto de frutas y verduras que parecía toda una sintaxis de las formas y del color. Allí, cuidadosamente ordenados, se encontraban las frutas, las hortalizas, las legumbres, los tubérculos. Los contrastes cromáticos de los diversos géneros competían con los de las banderas del mundo: rojos, amarillos, azules, marrones, violetas, verdes, anaranjados...

—Aunque vamos a hablar del Paleolítico, aquí todo es neolítico en la medida en la que todo es cultivado —señaló Arsuaga.

—¿Una lechuga cultivada podría ser entonces la bandera del Neolítico? —dije yo en lo que me pareció un golpe de ingenio que fue recibido con indiferencia.

—Vamos a centrarnos —sugirió el profesor.

Como decía, nos hallábamos detenidos frente a un gran puesto de verduras que hacía esquina y en el que trabajaban cinco o seis personas a las que al poco empezó a extrañar nuestra presencia, pues estábamos el uno frente al otro, yo con un magnetofón situado a unos centímetros de la boca del paleontólogo. Lo había colocado tan cerca por miedo a que el ruido ambiental propio de un mercado impidiera captar fielmente sus palabras. Éramos dos figuras estrambóticas que estorbábamos a la clientela, pero el único que parecía darse cuenta era yo, pues el profesor iba a lo suyo, ajeno por completo a la extrañeza que provocábamos a nuestro alrededor.

A medida que pasaban los minutos, el follón crecía y los gritos arreciaban, de modo que tenía que acercarme más al paleontólogo para escucharlo bien. De un extremo al otro del puesto de verduras, los vendedores chillaban solicitando a sus colegas un kilo de cebollas o un manojo de puerros. El sonido continuo de las cajas registradoras daba una idea de la alegría con la que el dinero pasaba del bolsillo de los compradores al de los proveedores. Los clientes nos miraban al paleontólogo y a mí preguntándose —supuse— si seríamos un reclamo ideado por el dueño del puesto para atraer al público. Arsuaga continuaba su discurso, ignorante de la curiosidad que despertábamos.

—Centrémonos —concedí.

—Imagínate que trajésemos aquí a un chimpancé, un gorila y un australopiteco.

Sonreí discretamente.

—¿De qué te ríes?

—De nada.

—No, de qué te ríes.

—Me recuerda a esos chistes de un inglés, un francés y un español. Me preguntaba cuál sería el español.

—Vale, muy gracioso. Tres primates. ¿Te haces a la idea? Tres primates, uno de los cuales es un homínido. Tres eslabones en la cadena de la evolución.

—Lo entiendo, puro Paleolítico.

—Paleolítico. Los gorilas son folívoros o folífagos. Significa que comen hojas, verdura. Les gustan las partes tiernas de los vegetales. El gorila, en la selva, vive sumergido en un mar de comida. Se come el medio, el paisaje, por eso no se desplaza, porque el paisaje es su comida. Pero lo abundante es pobre, tiene poco valor calórico y hay que pasarse el día comiendo. ¿Qué le diría el gorila a uno de los empleados de este puesto?

—Pues no sé, que le ponga todo lo que es de color verde.

—Eso es: las lechugas, las espinacas, los puerros, las acelgas, las endivias estas, la escarola... Todo lo verde. Póngame usted todo lo verde, diría.

—De acuerdo.

—Ahora viene el chimpancé, que es frugívoro. Pediría que le pusieran todos los frutos maduros, no los verdes. Por supuesto que el chimpancé come de lo del gorila y el gorila de lo del chimpancé, no es que estén las fronteras tan claras. Pero el gorila es fundamentalmente folífago, y el chimpancé, frugívoro. Pero en la fruta no hay proteínas, solo azúcares y agua.

—Azúcares y agua —repetí yo al tiempo de alzar las cejas con expresión de circunstancias al frutero, que acababa de lanzarme la tercera mirada interrogativa.

—Bueno —decidió el paleontólogo—, de momento quédate con esto: el chimpancé se llevaría unos kilos de frutas, y el gorila, unos kilos de verduras.

—Sí.

—Y viene el australopiteco. Primate, como los anteriores, pero también homínido. Ya hemos dado un salto notable en la evolución. Hablamos de un bípedo como de metro cincuenta de estatura. Acuérdate de Lucy y de la canción de los Beatles.

—Me acuerdo.

—El australopiteco llenaría su cesta de la compra con las dos cosas, con frutas y verduras, pero las muelas de este homínido son más grandes que las del chimpancé y las del gorila y tienen un esmalte grueso. Significa que aparte de la fruta y de la verdura, que vienen de la selva, mastica otras cosas, cosas que no necesita trocear, de ahí que tenga más desarrollada la dentición posterior que la anterior. El chimpancé, en cambio, tiene más desarrollados los dientes de delante porque un melocotón hay que trocearlo. El australopiteco, que sale y entra de la selva, ha incorporado a su alimentación productos que vienen en unidades más pequeñas, pero también más calóricas, de ahí que se le haya reducido la dentición anterior y se le haya desarrollado la posterior, con un engrosamiento del esmalte. ¿Me sigues?

—Algo ha cambiado —dije yo.

—Algo ha cambiado —dijo el paleontólogo—. ¿Qué come? Come granos, legumbres. Lentejas y judías, por ejemplo. Frutos con cáscara también, aunque la cáscara hay que romperla. Las mandíbulas de los parántropos, y el australopiteco es un parántropo, eran verdaderas máquinas cascanueces. Ya hablaremos de la biomecánica, del cuerpo como máquina. Total, que se comería fundamentalmente lo que ves en los botes de conservas: lentejas, garbanzos, guisantes, judías...

—Entendido —dije iniciando la marcha para irnos a llamar la atención a otro puesto.

Arsuaga me detuvo:

—Espera, no podemos alejarnos mucho de aquí porque este puesto explica todos nuestros orígenes. Verás, los organismos tienen dos misiones: la económica, relacionada con la alimentación, y la reproductiva.

—El creced y el multiplicaos de la Biblia.

—Dos misiones. ¿Qué necesitamos para llevarlas a cabo?

—Pues...

—Yo te lo digo: proteínas, porque las proteínas son los ladrillos del cuerpo, pero también lípidos o grasas, que producen calorías, e hidratos de carbono, que son las moléculas energéticas. El cuerpo convierte los hidratos de carbono en glucosa y eso es lo que consume el cerebro: glucosa en estado puro.

Sonó un teléfono móvil cerca de nosotros, lo cogió una señora tras bucear desesperadamente con la mano en las profundidades de su bolso. Intuí que hablaba con su marido, al que le dijo que no había setas, aunque se encontraba delante de ellas. «La próxima vez», concluyó enfadada, «vienes tú a hacer la compra». Arsuaga ni se había enterado de la conversación porque seguía a lo suyo, mientras yo, sin dejar de escucharle, lanzaba de vez en cuando miradas de disculpa a los fruteros y a la clientela cuyo paso obstaculizábamos.

—Para los chimpancés —dijo entonces el paleontólogo—, la caza es una golosina porque, como te decía antes, las verduras tienen poco poder calórico. Algunos grupos de machos cazan monos pequeños, sobre todo crías.

—¿Cooperan? —pregunté con asombro.

—En esto hay una enorme discusión. ¿Tú crees que los lobos cooperan o van todos detrás de la presa? Yo creo que no, que no cooperan. Para que haya cooperación en la caza, tiene que haber luego un reparto justo. En fin, este es uno de los grandes temas de la biología social, pero yo soy escéptico. La cooperación requiere un grado de complejidad grande.

—Decías que los chimpancés cazan.

—Monos pequeños y crías de herbívoros. Monos así, como de un kilo. Eso, en la economía del cuerpo, no resuelve nada, pero es como un caramelo para un niño: estimula. A los chimpancés les gusta mucho la carne, los sesitos. La carne es una moneda de cambio. En el cómputo calórico total no cuenta, pero con esa golosina puedes comprar voluntades, hacer política, crear alianzas, obtener sexo.

Observé que desde hacía un rato el tono del paleontólogo se había vuelto nostálgico, lo que repercutía en mi estado de ánimo. Pensé que venimos de allí, de aquellos cazadores de monos pequeños que constituían las chucherías de la época. Casi me veo a mí y a mi familia tirando de los brazos del pobre mono, todavía vivo, para arrancárselos de cuajo y llevárnoslos a la boca. El discurso de Arsuaga era un poco hipnótico, tenía la virtud de trasladarte a las épocas de las que hablaba. Cuando recuperé la cordura, todavía tenía en la boca un poco del sabor del mono que acababa de comerme en mi condición de chimpancé.

—El que tiene un mono —dijo en esos instantes el paleontólogo— tiene algo que los demás desean. Pero volvamos a los australopitecos. Estos consumen recursos que están fuera del bosque tropical porque el australopiteco, recuérdalo, sale a la sabana, que no es la pradera. Mucha gente confunde la sabana con la pradera. Nosotros no. El grano está en la sabana porque es más seca que la selva, y en ella hay árboles y arbustos cuyos frutos se encuentran a la altura de ese primate bípedo al que llamamos australopiteco.

—¿Hay una frontera clara entre la selva y la sabana? —pregunté.

—No, hay una graduación. Pero en la sabana, como te decía, está el grano, cuya manipulación requiere de la posesión de unas manos hábiles. Un chimpancé o un gorila no pueden manejar un pistacho, no pueden cogerlo, carecen de pinzas. Todos los primates tenemos un dedo pulgar oponible, pero el de los monos es ridículo, además está muy separado de la yema del índice porque tienen una mano muy larga. La mano del chimpancé es un gancho.

—Para colgarse de las ramas.

—Algunos autores —siguió Arsuaga— opinan que este nuevo tipo de alimentos se adapta a las características del ser humano. Las moras y las bayas en general se encuentran en arbustos. Hemos pasado, pues, al mundo del fruto pequeño y del grano. No necesitas una gran dentición anterior, pero sí pinzas para manipularlos y muelas para masticarlos. Y no te tienes que subir a un árbol porque las bayas están a tu altura.

—¿Qué otra cosa encuentra el australopiteco cuando abandona la selva y se aventura en la sabana?

—La luz. En la selva tropical no llega un solo fotón al suelo. Todos se van quedando por el camino porque la luz es un bien muy preciado por las hojas de los grandes árboles. La selva es oscura, es una cárcel. En la pradera, en cambio, hay luz. Los australopitecos quieren ver la luz.

Mientras pensaba en el descubrimiento de la luz, Arsuaga se volvió hacia el puesto de frutas y verduras frente al que llevábamos detenidos una hora y exclamó con entusiasmo:

—¡Qué belleza, una frutería!

—Sí —dije yo.

—Mira —añadió—, íbamos a dar un salto al Neolítico. Pero no: vayamos ahora del australopiteco al *Homo erectus*.

—Mejor —apunté yo—, para llevar un poco de orden.

Entonces, el paleontólogo se volvió y me dijo algo disgustado:

—Oye, qué es eso del orden. Esto no es un cuento. Si quieres un cuento, te lees el Génesis. La evolución no tiene la estructura de un relato. No hay planteamiento, nudo y desenlace. La evolución es el mundo del caos.

—¿En la evolución no suceden unas cosas después de otras? —pregunté ingenuamente.

—Pues a veces no. Estoy siguiendo un orden cronológico como un mero pretexto, ¿vale?

—Vale, vale.

—Mira, más del noventa por ciento de las calorías que ingiere la humanidad proceden del arroz, el trigo, la patata y el maíz. Cuatro plantas. Un extraterrestre nos apuntaría en el grupo de los vegetarianos. Ahora bien, ¿los neandertales eran carnívoros? Claro que sí, porque durante tres cuartas partes del año no hay nada vegetal. Los frutos se producen a finales de verano y en el otoño, eso sí, en cantidades brutales. Piensa en la bellota. Estrabón decía que éramos un pueblo comedor de bellotas.

—¿Se conserva bien la bellota?

—Bueno, hay que convertirla en harina y hacer tortas. En el otoño la cantidad de bellota es brutal. Las tortas se comían todo el año. La base de la alimentación del ibero era la torta. Pero en la Prehistoria no había molinos. No sabían moler.

Por fin, Arsuaga decidió moverse y fuimos caminando hacia una pollería decepcionante, porque él estaba en el *Homo erectus* y quería ver algo de caza, que apenas había.

—Antes —le dijo al dependiente—, las perdices y los faisanes estaban colgados de unos ganchos, con todo su plumaje, daba gusto verlos.

—Ahora no nos lo permiten —se justificó el pollero.

—¿Y las palomas estas son torcaces?

—Creo que sí —respondió el hombre un poco avergonzado por la escasez de productos de caza.

—Ahora están yendo hacia África —dijo Arsuaga—. Pasan un par de veces al año y hay que aprovechar. De todos modos, el *Homo erectus* no tomaba muchas aves. Eran difíciles de cazar frente al ciervo, por ejemplo, de carne roja.

Permanecimos un rato frente a la pollería, en caída libre hacia la decepción, cuando Arsuaga me tomó del brazo y me arrastró mientras decía en voz baja:

—Todo es de criadero. Lo último salvaje que nos queda es el pescado, y solo en parte. Dentro de veinticinco o treinta años tampoco habrá pescado salvaje, será de granjas. Cuando yo era alumno, decían que el mar era la despensa de la humanidad. Ya no, se va a acabar, consumimos demasiado. Toma nota de esto: el noventa y seis por ciento del peso total de los mamíferos de la Tierra somos los humanos, las vacas y los cerdos. ¿Te haces idea?

—Sí —dije asombrado.

—En cuanto a las aves, las de consumo (pollos y gallinas, fundamentalmente) representan el sesenta y tantos por ciento de todas las aves del universo. ¿Cómo te quedas? Los seres humanos somos un tercio de la biomasa de mamíferos del mundo.

Me quedé perplejo, claro.

—El marisqueo —siguió ahora frente a un puesto de pescado en el que nos acabábamos de detener— aparece al final del Paleolítico. Se trata de una actividad de transición. En la Prehistoria los animales vienen en grandes paquetes: caballos, mamuts, bisontes... La cuestión es que sean grandes grandes. Tienes que obtener muchos mejillones para alcanzar las calorías de un caballo. Lo pequeño es una revolución. El salto del caballo a la lapa constituye una revolución económica, mental y social. Mira —añadió echándole un vistazo al reloj, porque llevábamos ya un par de horas y le apuraba el tiempo—, vamos a terminar hoy con los geófitos.

—¿Los geófitos?

—Es un término inventado por un botánico que describió los diferentes biotipos vegetales. Los geófitos son plantas en las que la parte perenne es subterránea. Incluye bulbos, tubérculos, raíces y rizomas. Una vez al año brotan. Lo que sucede con los geófitos es que su carga alimenticia se encuentra en la parte subterránea. Me refiero a la fécula o almidón: el hidrato de carbono, en definitiva. Así es como almacenan las plantas la energía: en forma de almidón. Una patata es almidón puro. El trigo es almidón, lo mismo que el arroz. Los geófitos almacenan el almidón debajo de la tierra. ¿Me sigues?

—Claro, claro.

—A las plantas no les gusta que se las coman. Estas de las que hablamos se defienden enterrándose mucho, hasta donde los animalitos no puedan llegar. Lo que me importa es que te quedes con el concepto de geófito.

—Estoy en ello, créeme.

—En Europa no son importantes. Lo son en África, de donde venimos. Volvamos al puesto de las verduras.

Volvimos para asombro de los vendedores, que creían habernos perdido de vista.

—Aquí están los boniatos, que por cierto vienen de América, de los Andes. Esto ha dado de comer a mucha gente porque tiene mucha fécula. Piensa en la patata, que dio de comer a toda Irlanda hasta la hambruna de 1845, producida por un microorganismo parecido a un hongo que acabó con ella. Era un monocultivo del que se comían las cáscaras, todo.

—Yo —dije—, de pequeño, en Valencia, tomé mucho boniato. Se hacía al horno.

—Mira la yuca, otro geófito. ¿La has probado?

—No sé, creo que no.

—Toma nota: cebollas, ajos, puerros, espárragos, la patata, la batata..., todo esto que ves aquí son geófitos. Geófitos cultivados, claro, pero geófitos. ¿Por qué son importantes?

—Porque quitan el hambre.

—Porque constituyen un recurso de puta madre si sabes llegar a ellos. ¿Y qué necesitas para alcanzarlos? Pues una especie de lanza inversa. Una lanza que apunte hacia abajo en vez de hacia arriba. La lanza inversa o palo de cavar es el símbolo de la mujer del Paleolítico como la lanza que apunta al cielo es el del hombre.

—Ya.

—Sabemos de la importancia de los geófitos por los pueblos de cazadores-recolectores actuales. Hemos averiguado que los hombres se dedican a la caza y las mujeres a la recolección de pequeños ítems (ranas, insectos, geófitos, etcétera). La mitad de las calorías la obtienen los hombres jóvenes con la caza, y la otra mitad, las mujeres, los ancianos y los niños con los geófitos. Con la lanza inversa a la que me refería antes, que es un palo de cavar, puedes llegar al geófito si desarrollas la fuerza suficiente. Por eso te decía que para los animales constituye un recurso muy difícil de alcanzar.

—¿Los australopitecos, con su estatura, podían?

—No lo creo. Pero no podemos saberlo con seguridad porque los palos de madera no se conservan. No hay registro fósil de ellos. Pero el *Homo erectus* sí tenía ya la fuerza suficiente como para alcanzarlos. A partir del *Homo erectus* comienza esta división del trabajo, que resulta trascendental en la historia de la evolución porque amplía los recursos económicos. Los geófitos son un recurso muy regular y complementario. Gracias a ellos, los niños comen todos los días. Los objetos pequeños, como ves, proporcionan una base estable en la alimentación. Los objetos pequeños han podido ser, en calorías, tan importantes como la caza mayor. La ventaja de lo pequeño es que es regular y previsible.

—¿Hasta qué punto lo pequeño fue esencial en la alimentación humana?

—Hasta el punto de que dio lugar al Neolítico.

—¿La revolución neolítica sería, pues, una revolución de las mujeres?

—En lo fundamental, sí. Aunque has de tener en cuenta a los ancianos, que han dejado la caza, y a los niños, que aún no se han incorporado a ella.

—¿Quién inventó entonces la agricultura?

—Las mujeres, sin duda. El hombre anda todo el día detrás del bisonte, del caballo, del mamut, de las grandes piezas. El machote quiere volver a casa con el bisonte porque eso significa estatus, poder. Las ilustraciones de la Prehistoria nos muestran la vuelta de los cazadores con los niños, los ancianos y las mujeres esperando. Pero yo pienso que la escena normal es aquella en la que los cazadores vuelven sin nada y ahí están las mujeres esperándolos con los geófitos, las lapas procedentes del marisqueo, los ítems pequeños, en fin.

—Lo previsible, lo constante.

—Y ahí es donde aparece la gestión de los recursos que tienes a mano, lo que nos coloca a un paso de la agricultura. La gestión de esos recursos implica ya un nivel cognitivo importante. Tienes que conocer las estaciones, por ejemplo; saber dónde estar en la primavera, dónde en el otoño. Y estar al corriente de cómo funciona el sistema para ponerlo a tu servicio. Has de conocer a qué especies conviene favorecer y a cuáles no. Para terminar, porque me tengo que ir corriendo, acuérdate de la distinción entre especies favorecidas y especies cultivadas. Cuando tú favoreces el crecimiento o la aparición de un vegetal, no estás todavía en la agricultura, pero te encuentras a un paso de ella.

—Espera, dime un ejemplo de especie favorecida.

—Mira, yo creo que la bellota era por lo general amarga. Es posible que un día descubrieran una encina que las diera dulces y que arrancaran las demás para que se desarrollara esta. Es una hipótesis.

Acompañé al paleontólogo a la salida del mercado, donde le esperaba un coche a cuyas puertas lo despedí.

—Nos queda el Neolítico —me dijo bajando la ventanilla antes de que el automóvil arrancara.

Luego regresé al mercado para comprar medio kilo de coquinas y tres piezas de boniato.

—¿Qué es esto? —dijo mi mujer cuando entró en la cocina.

—Pequeños ítems —dije yo—. Un almuerzo de finales del Paleolítico. Verás qué rico.

Seis. El bípedo portentoso

El 16 de enero una brisa tenue, pero gélida, procedente de la sierra de Guadarrama, hacía bueno aquel dicho según el cual el aire de Madrid mata a un hombre y no apaga un candil. Hubo un tiempo en que la gente se forraba el pecho con las páginas de los periódicos para defenderse de esa corriente ligera y letal.

Debían de ser las cuatro y pico de la tarde, pues me encontraba dando la cabezada de después de comer frente a la tele, cuando sonó el móvil:

—Juanjo —escuché al otro lado—, soy Arsuaga, estoy en la puerta de tu casa. ¿Puedes salir?

Me despejé un poco, salí, y allí me esperaba el paleontólogo con una expresión entre divertida y maliciosa.

—¿Qué pasa? —dije.

—¿Estás haciendo algo?

—Ahora mismo no.

—¿Y hay por aquí un parque infantil al que podamos acercarnos para que te enseñe una cosa?

Vivo en el barrio de la Alameda de Osuna, junto al Juan Carlos I, un parque enorme, más grande incluso que el Retiro, que cuenta con numerosas instalaciones recreativas para niños. Volví adentro para abrigarme (insuficientemente, como se verá) y a los quince minutos estábamos atravesando las puertas del recinto.

—¿A qué hemos venido? —pregunté.

—A ver niños colgándose de las cuerdas y columpiándose en los balancines.

El paleontólogo frecuenta la realidad, pero no vive todo el tiempo en ella.

—No puede haber niños con este frío —le dije—. Además, a esta hora están todavía en el colegio.

Me miró sorprendido por aquella información con la que evidentemente no contaba, pero reaccionó enseguida:

—Demos una vuelta de todos modos.

Empezamos a caminar. A nuestra derecha, distinguimos las cumbres nevadas de la sierra, y yo percibí en el rostro el aliento glacial que exhalan sus pulmones.

—¡Qué frío! —exclamé para animarle a desistir de aquello en lo que estuviera empeñado.

—Quería hablarte de la biomecánica —dijo haciendo oídos sordos a mi comentario—, de la mecánica del cuerpo, de cómo funciona la locomoción bípeda y todo eso. Por cierto, que el otro día estuve en Amusco, al lado de Palencia, donde nació el médico español más importante después de Cajal, un médico al que no conoce nadie: Juan Valverde de Amusco. ¿Has oído hablar de él?

—La verdad, no.

—Contemporáneo y discípulo de Vesalio. Publicó un libro de anatomía que todos los médicos europeos llevaban en su maletín, yo tengo un facsímil. ¿De Vesalio sabes algo?

—Vesalio sí me suena —titubeé.

—Es el padre de la anatomía moderna. Murió a mediados del XVI. Antes de él, ignorábamos todo lo relativo al organismo.

—¿No sabíamos que teníamos cuerpo?

—El cuerpo, todavía hoy, es un misterio para la mayor parte de los seres humanos. Un misterio. Pero necesito un balancín para explicarte una cosa.

—Ahí hay uno —dije señalando unas instalaciones infantiles completamente vacías, como cabía suponer.

—Es muy pequeño, busquemos otro.

Continuamos caminando por el parque desierto y silencioso. Las ramas de los árboles, desnudas, parecían brazos alzados al cielo en señal de espanto. Algunas terminaban en talluelos como dedos esqueléticos, con sus respectivas falanges. Me atacó de súbito el sentimiento de hallarme en el interior de una novela de Stephen King. Este hombre me ha traído aquí para matarme.

—Ahora —siguió diciendo Arsuaga—, los balancines, los columpios y los toboganes son muy seguros. Los niños no se pueden romper los dientes como me los rompí yo de pequeño porque sus padres denuncian al Ayuntamiento.

—Se denunciaba poco entonces —corroboré.

—¿En este parque no tenéis estorninos?

—Tenemos mirlos y patos, no sé, y millones de cotorras.

—No me hables de las cotorras. Las odio.

—Pero estábamos en Vesalio —dije para volver al núcleo.

—Vesalio, sí, un fuera de serie, un genio. Descubrió el cuerpo humano de arriba abajo. Hasta Vesalio, lo que se conocía del cuerpo eran las descripciones de Galeno. Pero Galeno no diseccionaba cuerpos humanos, solo de cerdos y monos. Vesalio es el primero en abrir cadáveres de personas.

—Leonardo también tenía aficiones forenses.

—Pero Leonardo no era un buen anatomista. Cuando digo esto todo el mundo se me echa encima. A ver, era un gran artista, pero un mal anatomista. Un pésimo científico. Tú ves sus láminas y dices: perfecto. Hasta que te fijas bien, claro, y notas que aquí falta esto o que allí sobra lo otro.

—Así que hasta Vesalio no se sabía nada del cuerpo.

—Nada.

—¿Y otros médicos antiguos? ¿Hipócrates?

—Ni puta idea. Hipócrates sabía de plantas medicinales, pero de anatomía ni idea. La medicina y la anatomía son asuntos diferentes. La anatomía es investigación, conocimiento, y la medicina es la rama aplicada. Los médicos tenían saberes prácticos: cómo rajar, cómo coser, cómo ayudar en un parto.

—Cómo quitar una muela —añadí yo recordando un grabado de la época.

A medida que nos internábamos en el parque, la brisa helada fue atravesando las sucesivas capas de ropa que llevaba encima. Pronto, pensé, alcanzará la piel, llegará a los músculos, luego a los huesos y más tarde al tuétano de los huesos. Cuando el frío llega ahí, al tuétano, no hay forma de sacudírselo. El silencio por otra parte era tal que se escuchaban nuestras pisadas sobre la tierra yerma hasta que una nube de trescientas o cuatrocientas cotorras sobrevoló dando alaridos nuestras cabezas para ir a posarse amenazadoramente en el suelo, muy cerca de donde nos encontrábamos. La impresión de hallarme dentro de una novela de terror se acentuó.

—¡Hijas de puta! —exclamó Arsuaga lanzando a las aves una mirada asesina—. Van a acabar con toda la fauna autóctona porque son muy difíciles de exterminar. Toma nota de esto.

—Lo estoy grabando —dije mostrándole el magnetofón.

—Pero apúntalo también en el cuadernito ese de tapas rojas que sueles llevar.

Saqué el cuaderno de tapas rojas y un bolígrafo.

—Dime.

—Son sociales —dijo él—. Las especies que tienen más éxito en la evolución son sociales. A eso se debe nuestro éxito. Estas cabronas tienen nidos comunes y son muy difíciles de erradicar porque cooperan. El individuo es frágil, pero la especie es fuerte. La colonia es invencible.

—Estábamos en Vesalio —apunté intentando reconducir el diálogo.

—¿Hay prisa o qué?

—Es para que no nos desviemos del asunto.

—Tienes un pánico incomprensible a los desvíos. No pasa nada, hombre. Pero vale, volvamos a Vesalio para que te tranquilices. Apunta esto también: estamos en la anatomía.

—¿Y eso qué significa?

—Que Vesalio no está en la fisiología.

—¿Cuál es la diferencia?

—La anatomía es la estructura. La fisiología, la función.

—La anatomía —traté de aclararme— sería entonces la descripción del órgano, y la fisiología, la función que ese órgano desempeña en el cuerpo.

—Exacto.

—Me recuerda un poco a la diferencia entre la morfología y la sintaxis en la gramática. El análisis morfológico estudia la palabra, y el sintáctico, la función que esa palabra desempeña en la oración.

—Claro, es que todos los términos de la lingüística proceden de la anatomía. Son nuestros: morfosintaxis, morfema... Están sacados de la biología. En resumen, que tú puedes estudiar el corazón en una bandeja de acero o puedes estudiar la circulación de la sangre. El corazón, aisladamente considerado, es anatomía. Si lo relacionas con la circulación, estamos en la fisiología. ¿De acuerdo?

—De acuerdo.

—Pero la circulación hay que verla en un individuo vivo porque en los cadáveres no hay circulación.

—Ni locomoción —dije yo animándole a caminar más deprisa, para sacudirme el frío.

—En los cadáveres solo hay anatomía, estructura. Los seguidores de Vesalio eran muy rompedores frente a los partidarios de Galeno. Los galenistas eran los viejos, los que detentaban el poder. Tenían muchas disputas en las universidades. Hay una anécdota según la cual, en una discusión entre un vesaliano y un galenista, el vesaliano dijo que Galeno se equivocaba en no recuerdo qué. ¿Cómo te atreves a desafiar a la autoridad?, dice el galenista. Porque lo he comprobado en un cadáver, responde el vesaliano. Pues el muerto se equivoca, concluye el galenista.

—Es más o menos —apunté— lo que venían a decir los curas de la época sobre el heliocentrismo: que la realidad se equivocaba.

—Más o menos. El caso es que los vesalianos empiezan a ver de qué y cómo estamos hechos. Los músculos, los huesos, las vísceras... Eso nos va a servir para hablar de la estructura. Tú y yo nos diferenciamos de los cuadrúpedos de cintura para abajo, y de la mayoría de los mamíferos terrestres de cintura para arriba. De cintura para arriba somos casi chimpancés. De cintura para abajo, humanos. Si lo piensas, se trata de una combinación extraña.

—¿Como la del centauro?

—Somos quimeras.

El paleontólogo tiene a veces estas salidas estremecedoras. La quimera, en la mitología griega, es un monstruo fabuloso que se representaba con cabeza de león, cuerpo de cabra y cola de dragón. Pero con ese término aludimos también a un deseo inalcanzable.

—Somos quimeras —repetí en voz alta. Y añadí para mis adentros, en homenaje a Shakespeare—: Estamos hechos de la misma materia de los sueños.

—Somos simios bípedos, no monos —pareció corregirme Arsuaga—. Es un matiz pequeño pero interesante. Somos primates pertenecientes al grupo de los simios, o sea, monos sin cola. De cintura para arriba somos como los demás simios. Tenemos el pecho plano, la caja torácica aplastada desde delante hacia atrás. Estamos comprimidos, ¿no ves?

El paleontólogo se detuvo y colocó una de sus manos en mi pecho y la otra en mi espalda para que me hiciera idea de la compresión a la que están sometidos mis órganos.

—Entre la parte de delante y la de atrás apenas hay un palmo y en ese palmo están contenidos el corazón, los pulmones, etcétera. En cambio, los cuadrúpedos están comprimidos lateralmente.

—¿Todos?

—Todos, sin excepción. Piensa en un perro, piensa en la forma de su caja torácica, y en cómo están colocados sus omoplatos. Luego compáralos con la posición de los tuyos.

Pensé en la caja torácica de un perro, en la posición de sus omoplatos y en la de los míos. Arsuaga esperaba mi respuesta con una mirada interrogativa.

—¿Lo ves o no? —preguntó impaciente.

—Lo veo —dije.

—Pues ahora olvídate de los cuadrúpedos. Vamos a hablar de la eficacia biomecánica de tu cuerpo y del mío. A ver, ¿dónde tenemos el centro de masas?

—¿Te refieres al centro de gravedad?

—Centro de gravedad, centro de masas, como quieras. Es el punto en el que se concentra el peso del cuerpo. Tu centro de gravedad está situado entre el ombligo y el pubis, a la altura de la hebilla del cinturón pero dentro del cuerpo. Si trazas una vertical desde ese punto hasta el suelo, la vertical muere entre los dos pies. ¿Sí o no?

—Sí.

—Llamaremos al área que ocupan los dos pies «base de sustentación».

El paleontólogo se colocó ahora a mi espalda y me invitó a dejarme caer hacia él sin doblar el cuerpo, como en el juego ese de la confianza que practican en los grupos de apoyo.

—No sufras —dijo—, que yo te sujeto.

Me dejé caer pensando que era ahí donde me iba a matar. Pero en vez de eso me preguntó:

—¿Qué ha ocurrido con esa vertical que iba desde tu centro de gravedad hasta el suelo?

—Que se ha desplazado —dije.

—¿Y dónde cae ahora?

—Fuera de mi base de sustentación.

—Por lo tanto, si dejara de sujetarte, te caerías. Los objetos materiales se vuelcan o se caen cuando los empujas hasta lograr que la plomada imaginaria que va desde su centro de gravedad hasta el suelo quede fuera de su base de sustentación, de su peana.

—Por eso —apunté recordando una vieja lectura— no se cae la torre de Pisa, porque la línea de gravedad queda aún dentro de su base.

—De acuerdo. En las piezas macizas, el centro de gravedad está en alguna parte de su materia, pero a ver: dónde se encuentra el centro de gravedad en un objeto hueco, por ejemplo, en un balón.

—¿Dónde?

—No en su cuerpo, sino en el centro de la esfera.

—¡Qué misterioso! —exclamé con asombro.

—Sí que lo es.

Traté de imaginar el punto inmaterial donde se encuentra el centro de gravedad de un armario vacío y deduje que coincide con el de su alma.

—Pero dejemos por ahora este misterio —cortó Arsuaga—, que no te voy a decir que sea el de la Santísima Trinidad, pero tampoco tiene mucho que envidiarle. Lo importante es que tengas claros los conceptos de centro de gravedad, línea de gravedad y base de sustentación para que comprendas la maravilla que se produce en la bipedestación, donde la vertical o línea de gravedad de la que venimos hablando permanece siempre dentro de los límites en los que debe permanecer para evitar el colapso.

—Ya.

—Decíamos que tu centro de gravedad está situado a la altura de la hebilla del cinturón. Cuanto menos se desplace el centro de gravedad al andar, más eficiente será el cuerpo desde el punto de vista de la mecánica. Da unos pasos y observa los movimientos de la hebilla.

Caminé, los observé y advertí que la hebilla trazaba una línea prácticamente recta, paralela al suelo. Mi centro de gravedad no se movía apenas hacia arriba ni hacia abajo, pero tampoco hacia los lados.

—Portentoso, ¿no? —dijo Arsuaga con expresión de triunfo—. La locomoción humana es un prodigio de bioingeniería. De este modo consumimos muy poca energía en el desplazamiento. Somos una especie hecha para recorrer largas distancias, somos una especie caminante.

—¿Por eso hemos llegado tan lejos?

—Quizá.

—¿Y nuestro caso es único?

—Entre los primates, sí. Pero, si te parece, vamos a quitarnos de encima la parte de arriba del cuerpo, el tronco, y luego volvemos a la parte de abajo.

—Me parece —dije colocándome a su altura para continuar internándonos en el parque mudo (las cotorras habían desaparecido, quizá porque el sol comenzaba a declinar).

—Los monos —dijo el paleontólogo— caminan por encima de las ramas, son cuadrúpedos que caminan sobre las ramas, como las ratas. No sé si has tenido la desagradable experiencia de ver a una rata caminar por encima de los cables de la luz.

—De niño, sí.

—Las ratas andan por encima de las ramas con la misma facilidad que por el suelo. El diseño de algunos cuadrúpedos está preparado para eso. Pero como las ramas no son horizontales, estos cuadrúpedos de los que hablamos (los monos) tienen manos y pies prensiles. Sus manos y sus pies se han adaptado. En las manos se encuentra la diferencia. Un mono anda igual que un perro, pero nadie ha visto a un perro andando por encima de una rama. ¿Entendido?

—Entendido.

—Ahora bien, hay un grupo de primates que pesan mucho y que tienen un tamaño grande. Estos no se desplazan caminando sobre las ramas, sino colgados de ellas.

—Ya.

—Piénsalo: de repente un primate deja de caminar por encima de las ramas para colgarse de ellas. ¿Qué necesita?

—...

—Unos brazos largos y unas manos largas, que actúen como ganchos. Se cuelgan de esos ganchos y como consecuencia de ello el pecho se les aplana. Necesitamos un parque infantil donde haya barras para que veas cómo se produce la locomoción suspendida.

—A unos cincuenta metros —dije— hay uno que está un poco oculto. A mis hijos les encantaba cuando eran pequeños porque parece un refugio.

Caminamos a buen paso en dirección al parque secreto, cada vez, para mi disgusto íntimo, más alejados de la puerta de salida. Con la caída del sol la temperatura había bajado dos o tres grados. Arsuaga no daba muestras de tener frío, aunque sus narices estaban enrojecidas. Tampoco tenía prisa. De hecho, se paró cuando un pájaro solitario pasó por encima de nuestras cabezas a fin de explicarme que era un pito verde. Jamás había oído hablar de los pitos verdes, que hasta entonces creía que eran gorriones. Tiré, pues, de él con delicadeza y al poco nos encontramos frente a unas instalaciones infantiles medio disimuladas por la vegetación. Había un castillo y dos toboganes y una barra larga de la que a los niños les encanta colgarse con la ayuda de sus padres. Pero entonces no había niños ni padres, solo frío, además de una incipiente oscuridad, y silencio, silencio a borbotones, porque hasta los pájaros parecían haber huido de la áspera tarde. Daba miedo estar allí.

—La locomoción suspendida —dijo el paleontólogo acercándose a la barra— tiene un nombre técnico. Toma nota: braquiación. Me ahorro la etimología porque salta a la vista, ¿no?, del término latino *brachium,* «brazo».

—Sí.

—¿Te imaginas a un gato colgado de esta barra?

—Pues no.

—¿Y a un perro?

—Tampoco.

—Claro, no tienen manos con forma de gancho. Solo te puedes imaginar, en fin, a un gorila o a un chimpancé.

—Si un perro pudiera colgarse —pregunté ingenuamente—, ¿se le aplanaría el pecho con el tiempo?

—Eso que dices se llama lamarquismo y es una herejía de la que espero curarte. Pero en otro momento.

—Vale.

Arsuaga se colgó entonces de la barra al tiempo de decirme:

—Esta capacidad explica nuestros orígenes arborícolas y nuestra adscripción o pertenencia al grupo evolutivo de los simios, con los que estamos emparentados.

—Si te cansas, descuélgate.

—¡Qué me voy a cansar! Ahora bien, aparte de colgarse, hay que desplazarse. Vamos a imaginar que soy un primate. Dime, ¿cómo se desplaza un chimpancé colgado?

—No lo sé.

—La gente cree que se desplaza así, de lado, pero no: hacen un movimiento que es la leche...

—La braquiación.

—... y que consiste en esto.

El paleontólogo soltó una de sus manos y dio un giro de ciento ochenta grados que lo situó a un metro o metro y medio más allá de donde se encontraba. Tras llevar a cabo el mismo ejercicio en una y otra dirección se dejó caer al suelo, jadeando un poco por el esfuerzo.

—El movimiento es muy complicado —dijo— porque pones en juego el brazo, el antebrazo, la muñeca... Para eso tienes que tener la morfología adecuada, además de una fuerza enorme. Un chimpancé podría estar colgado de esta barra con una mano y fumándose un cigarrillo tranquilamente con la otra. No le cuesta el esfuerzo que me ha costado a mí. Un chimpancé podría estar horas colgado hablando contigo con toda naturalidad.

—¿Y en esos desplazamientos no juega ningún papel el dedo pulgar?

—Ninguno. Hasta el punto de que apenas tiene dedo gordo. Solo gancho. Un chimpancé colgado de una rama es como tú ahora mismo. ¿Verdad que tú no estás pensando que estás de pie?

—Bueno, un poco sí, porque estoy algo cansado, además hace mucho frío.

—De eso nada —negó con vehemencia—, tú ni te enteras de que estás de pie. No eres consciente. Es una pena que no haya niños porque los niños son todavía braquiadores. Con ellos lo entenderías mejor.

—Pero sería un poco raro que dos señores mayores estuvieran aquí mirando a los niños. A lo mejor dormiríamos en la comisaría.

—Bien, muy bien —dijo el paleontólogo, satisfecho—. Hasta ahora ya hemos conseguido ser simios. ¿Sí o no?

—Sí.

—Pues ahora vamos a ser simios bípedos. Ahora nos tenemos que poner de pie. Ya hemos obtenido una parte del cuerpo, la de arriba, a la que hemos logrado humanizar. Ya somos capaces de entender evolutivamente la mitad superior del cuerpo. Ahora vamos a ponernos de pie.

—De acuerdo.

—Como te decía, nosotros estamos diseñados para caminar, somos una especie peregrina. Cuanto más larga sea la zancada, más eficaz. Es fundamental que encontremos un balancín.

—Vamos deprisa al que hemos visto al entrar porque ya está oscureciendo —le apremié para huir de aquel rincón siniestro del parque al que sin duda acuden por la noche los niños muertos del barrio.

—Hasta este momento —dijo siguiéndome—, hemos hablado de anatomía. Volvamos a la biomecánica. ¿Recuerdas cuando en el bachillerato estudiaste la palanca?

—Más o menos. Dadme un punto de apoyo y moveré el mundo, decía Arquímedes.

—Pues hay tres tipos de palanca: de primer grado, de segundo grado y de tercer grado.

Estábamos pasando por la orilla del estanque del parque, sobre cuya lámina de agua empezaba a depositarse una finísima capa de niebla que parecía una mortaja. Vi un pato volando y se lo dije:

—Mira, un pato.

—No, joder, es un cormorán —me corrigió—. Un cormorán es una cosa muy seria, Juanjo. Este parque es fantástico.

—Dicen que se trata de un nuevo concepto de parque: el parque inteligente, como si los de toda la vida fueran tontos.

—Ya te contaré cosas del cormorán, que es un gran pescador. En algunos países, los pescadores les ponen una cosa en la garganta para que no se puedan tragar el pez. Así, se lo quitan.

—Vale, pero no nos distraigamos con el cormorán.

—Otra vez el pánico a las distracciones. ¿De dónde te viene ese trauma?

—No lo sé, me gusta ir al grano.

—Las palancas —dijo con gesto de resignación—, hablábamos de las palancas. La mecánica está basada en los diferentes tipos de palancas. Todo lo que en una máquina no es motor es palanca. El balancín es una palanca de primer grado.

—¿Y qué tienen que ver el balancín y la palanca con el cuerpo?

—Decíamos antes que lo conveniente es que el centro de gravedad del cuerpo describa al andar una trayectoria recta, paralela al suelo. Date cuenta de que podemos conseguir al día dos mil quinientas calorías, más o menos. No es fácil obtenerlas y conviene administrarlas. La solución es que el centro de gravedad no se desplace apenas al andar. Hay dos tipos de desplazamiento que no molan: el desplazamiento hacia arriba y abajo y el desplazamiento hacia los lados. Como somos bípedos, cuando yo levanto la pierna derecha, por ejemplo, se producen dos fuerzas: una, la de la gravedad, que tira del cuerpo hacia el lado no soportado. Para evitar la caída, me voy un poco hacia la izquierda, hacia la pierna apoyada en el suelo, en cuya cadera actúa la fuerza contraria. De manera que, si lo piensas, andar es estar cayéndose todo el tiempo.

—¡Fantástico! —exclamé con auténtica admiración—. Andar es estar cayéndose todo el tiempo, igual que vivir es morirse sin pausa.

—Pero te caes de forma controlada —añadió el paleontólogo, ajeno a mi hallazgo retórico—, de modo que no te das cuenta, no lo notas. No notas que te caes.

—Tampoco notas que te mueres —insistí sin resultado alguno.

El paleontólogo se detuvo para hacerme una demostración práctica:

—¿Ves? Levanto la pierna derecha, pero no colapso, no caigo, porque tengo unos músculos en esta otra pierna, a la altura de la cadera, que contrabalancean.

—¿Qué músculos?

—Los abductores, que cuando levanto la pierna derecha tiran hacia la izquierda, aunque no tanto como para desplazar demasiado el centro de gravedad. Digamos que corrigen sutilmente, sin gran esfuerzo, gastando el mínimo de calorías. Te lo repito: solo disponemos de dos mil quinientas para toda la jornada, y eso incluye que funcione el cerebro, que funcionen todos los órganos y que se mantenga la temperatura corporal.

—¿Todo con dos mil quinientos euros?

—Euros no. Calorías.

—Perdona, ha sido un automatismo. Pensaba en términos contables. Por lo que dices, tenemos dentro un administrador rigurosísimo.

—Se llama selección natural.

—Y todo esto ¿qué tenía que ver con las palancas?

—Tiene mucho que ver porque el comportamiento del cuerpo, en los movimientos que acabo de explicarte, es el de una palanca de primer grado, que casualmente es la que funciona también en el balancín en el que juegan los niños. Por eso ahora necesito un balancín.

—Ya queda poco para llegar.

—¿Cómo son las palancas de primer grado? —me preguntó.

—Dilo tú —respondí.

—Tienen el fulcro en el centro.

—¿El fulcro?

—El fiel. El fiel de la balanza, para entendernos. El fiel del balancín se encuentra en el centro de las dos fuerzas. Si tú te pones en un extremo del balancín y yo en el otro, cada uno de nosotros representa una fuerza. Si yo peso más, el balancín se hunde por mi lado. ¿Qué solución tienes para impedirlo?

—Pedirte por favor que no abuses —dije.

—Mecánicamente hablando, ¿qué solución tienes?

—No se me ocurre.

—Si yo te tengo arriba, no puedes hacer nada, excepto pedirle al ingeniero que desplace el fulcro o el fiel, como quieras llamarlo, hacia mi lado. De ese modo, tú tienes más palanca, más brazo, y en consecuencia más fuerza. ¿Sí o no?

—¿Y eso llevado al cuerpo?

—La evolución juega con los brazos de la palanca. El fulcro, el punto de giro, es la articulación de la cadera con la cabeza del fémur. Recuerda que el centro de gravedad se encuentra a la altura de la hebilla del cinturón. Cuando levantas una pierna para dar un paso, ¿cómo es que el cuerpo no se vence hacia el lado que está en el aire? Date cuenta de que el centro de gravedad no está encima del pie de apoyo, sino que su línea vertical cae a un lado. Si levantas la pierna derecha, ¿no te deberías caer entonces hacia el lado derecho por la fuerza de la gravedad? Ahí es donde intervienen unos músculos llamados abductores de la cadera, que tiran en sentido contrario para nivelarla, luchando contra la gravedad. Es lo mismo que hacíamos en el balancín. Tú, que seguramente pesas más que yo, eres la fuerza de la gravedad que quiere que el balancín se incline hacia tu lado, y yo soy los abductores que tratan de mantener el balancín horizontal. Pues bien, cuanto mayor sea tu brazo de palanca, más ventaja tienes. Querrías estar lo más separado posible del pivote sobre el que gira el balancín. Yo también quiero estar lo más separado posible del pivote por la misma razón. En anatomía, el brazo de la palanca de los músculos abductores es el cuello del fémur, que no puede ser demasiado largo, porque se rompería. La fractura del cuello del fémur es frecuente en personas con osteoporosis. Así que yo no me puedo alejar mucho de ti en el balancín, no tanto como quisiera. Lo que me gustaría entonces es que tú te acercaras, pero eso significaría que el canal de parto se haría más estrecho, y los niños no podrían nacer. El resultado evolutivo es un compromiso que significa dolor para las mujeres en el parto. Y hablando de gravedad, no debes confundir masa y peso. Mi masa es la cantidad de materia de la que estoy compuesto, y mi peso es la fuerza que la gravedad ejerce sobre esa masa. Mi masa, en la Luna, es la misma que aquí, pero mi peso cambia.

Bajé la pierna y miré en derredor, por si alguien hubiera visto a estos dos adultos, uno a la pata coja y el otro tocándole la cadera. Pero no había ni un alma y el sol estaba a punto de ocultarse del todo por el oeste del parque, a nuestra espalda.

—Todos estos movimientos están tan sincronizados que el desplazamiento del centro de gravedad es ridículo. La gente va al ambulatorio con problemas de columna y hay médicos que dicen: «Claro, es que nos hemos hecho bípedos; si no hubiéramos dejado de ser cuadrúpedos...». Eso es un sinsentido evolutivo porque seríamos una especie patética. O sea, que todas las especies son estupendas menos la nuestra, que es una mierda. Hasta tal punto esto está metido en la cabeza de algunos biólogos evolutivos, que hemos estado durante años buscando una ventaja que compensara ese supuesto desastre biomecánico. Teníamos tan integrado que biomecánicamente hablando éramos una chapuza, que todo el mundo decía: tiene que haber alguna ventaja que compense esta chapuza.

—¿Y la encontraron?

—Bueno, encontraron de todo: que si el bipedismo era bueno para follar de frente, para exprimir naranjas, para manejar el mando a distancia, qué sé yo, cada uno encontraba la suya. Pero no hace falta ninguna explicación. El bipedismo es portentoso.

En esto llegamos a las instalaciones infantiles situadas cerca de la salida del Juan Carlos, donde se encuentra el balancín pequeño que el paleontólogo despreció a primera hora de la tarde y en el que ahora se empeñaba en que subiéramos. Era de noche ya y nuestras sombras, alargadas por la luz de las farolas, se proyectaban sobre la arena en la que habitualmente se revuelcan los críos.

Dábamos miedo.

He ahí dos señores mayores, como escapados de un frenopático, columpiándose en medio de la atmósfera helada de un miércoles de enero. Mientras subíamos y bajábamos, el paleontólogo me demostró hasta la saciedad que bastaba con que uno de nosotros se desplazara un poco de su asiento hacia delante o hacia atrás para que las fuerzas se desequilibraran. A continuación, sin dejar de impulsarse y de dejarse caer, hizo del fémur un elogio extensísimo que se perdió en el aire como las lágrimas en la lluvia porque no pude tomar notas ni grabar en el magnetofón. Estaba controlando demasiadas cosas a la vez. Dijo que ese hueso es uno de los grandes inventos de la evolución.

—Una auténtica virguería arquitectónica —añadió—. Ni al mejor ingeniero del mundo se le habría ocurrido un cuello como el del fémur, que soporta todo el peso del cuerpo cuando andamos.

Yo permanecí atento a las sombras, por si aparecía algún conocido del barrio de los que pasean el perro a última hora y me sorprendía en esta situación de novela gótica. Finalmente, cuando logré arrancarlo del balancín y encaminarlo a la salida, sacó de no sé dónde un reloj de bolsillo que colocó en el suelo.

—Párate un momento y observa este reloj —dijo.

Me detuve y lo observé.

—Si en vez de un reloj —apuntó— fuera una piedra y yo te preguntara qué hace ahí esa piedra, me dirías que siempre ha estado ahí, ¿no?, que forma parte de la naturaleza.

—Claro.

—Pero si en vez de una piedra es un reloj, me contestarías que es necesario que alguien lo haya puesto. ¿Sí o no?

—Sí.

—Pues toda la obra de Darwin constituye un intento de demostrar que el reloj se puede haber hecho a sí mismo. La idea del reloj en el suelo es de Paley, un utilitarista del XVIII.

—¿El que llamó a Dios relojero del universo?

—El mismo —dijo Arsuaga recogiendo el aparato—. Toda la obra de Darwin es un argumentario contra la idea de Paley. Ya hablaremos. Ahora me tengo que ir corriendo, que llego tarde a un concierto de Pedro Guerra.

Al día siguiente abandoné la cama a eso de las seis de la mañana, según mi costumbre, pero noté enseguida que algo raro pasaba, como cuando por error te metes en el coche del vecino que es idéntico al tuyo y que se abre también misteriosamente con tu mando a distancia. Ya estás sentado ahí, a punto de arrancarlo, pero te detienes porque no todo encaja como debería. Quizá la distancia del asiento al volante no es la de siempre. Tal vez el interior del automóvil huele a otro o el salpicadero está más limpio que el del tuyo...

Hay un síndrome, el de Capgras, que implica que un día te levantas de la cama y vas a la cocina, donde tus padres están desayunando. Pero no son tus padres. Alguien los ha suplantado durante la noche, aunque no tendrías forma de demostrarlo porque son idénticos a aquellos de los que te despediste con un beso al acostarte. Tampoco tus hermanos, que se van incorporando poco a poco a la vida familiar, son tus hermanos. Es posible que la mismísima cocina, siendo la de siempre, te parezca en realidad una copia exacta de la de todos los días. Mal asunto, pues no te queda otra que fingir que no te has dado cuenta del cambio. Lo contrario te conduciría al frenopático.

El que abandonó la cama a las seis de la mañana de aquel día era un tipo idéntico a mí, pero no era yo. Acudí al cuarto de baño y me aseé un poco en la convicción de que se aseaba otro que me había suplantado durante la noche. Este otro tenía una conciencia excesiva de su cuerpo. Era consciente de la cantidad de recursos biológicos y mecánicos que se ponían en marcha cada vez que daba un paso hacia una u otra zona de la vivienda. Ese otro se percibía como una máquina, como un robot de una perfección insólita de no ser por los mensajes de aflicción que sus articulaciones enviaban al cerebro.

No tardé mucho en averiguar lo que ocurría: tenía fiebre.

Tenía fiebre yo, no el otro. Me puse el termómetro: 38,5. Demasiada para esas horas. El resto de los síntomas se fueron manifestando poco a poco hasta redondear un cuadro que el médico, cuando apareció con su estetoscopio, calificó de neumonía.

Encogido entre las sábanas, sometido a una medicación muy agresiva, me venían a la cabeza las imágenes del día anterior, en el parque Juan Carlos I. Veía el cormorán, las cotorras, el pito verde, pero sobre todo me veía a mí mismo intentando comprender los fundamentos mecánicos de la locomoción bípeda y sentía cierta aprensión ante la idea de que quizá, al fin y al cabo, uno no fuera más que eso: un artefacto perfectamente diseñado para recorrer grandes distancias, follar de frente y exprimir naranjas. Me vino a la cabeza el recuerdo de Descartes y de sus ideas acerca del animal-máquina que había estudiado en mis tiempos de Filosofía y Letras. El perro de Descartes. El animal como mero artefacto.

En eso, como si Arsuaga, desde donde quisiera que se encontrara, me estuviera leyendo el pensamiento, sonó el teléfono, que permanecía en la mesilla de noche, y era él, claro. No le confesé que había caído enfermo para no parecer un flojo.

—¿Qué hay? —dije.

—Estuve dándole vueltas y creo que lo de ayer quedó un poco mecanicista.

—Un poco, sí.

—Quizá me faltó contextuar el asunto. Te hablaba de los primeros anatomistas y de los primeros fisiólogos. La idea que se tenía del mundo en el siglo XVII, en el que se produce la revolución científica del Barroco, era la de una máquina. Todo se explicaba mecánicamente. Galileo el primero, pero después Descartes, Newton, Leibniz, etcétera, se empezaron a dar cuenta de que todo se podía explicar mecánicamente. El mundo era una máquina, el ser humano era una máquina. El cuerpo era un autómata, por eso les fascinaban tanto los autómatas de las catedrales, el Papamoscas de Burgos, por ejemplo.

—¿La fiebre es un automatismo? —pregunté.

—¿Qué tiene que ver la fiebre? Lo que te quiero decir es que el siglo XVII es el de la Física como el XVIII es el de la Química; el XIX, el de la Biología; y el XX, el de la Psicología. Nosotros, ayer, pasamos mucho rato en el XVII, el de la Física y por tanto el de la mecánica. El siglo de la fascinación por la mecánica.

—Ya —dije.

—¿Te pasa algo?

—No, nada.

—Claro, que Descartes cree también en el dualismo materia/espíritu. De hecho, coloca el alma en la glándula pineal, lo que no estaba muy mal encaminado porque se trata de un órgano endocrino.

—¿Y qué necesidad tenía del alma un mecanicista?

—Tiene que haber algo que piense en algún sitio, se dice. Tiene que haber un lugar de articulación entre la máquina y lo que él llamaba, por oposición al cuerpo, la *res cogitans* o sustancia pensante.

—¿No se resignaba a que fuéramos solo máquina?

—No, al cuerpo le faltaba algo y lo resolvió con esa dualidad. Los físicos no creen en el Dios de la Biblia, el

Dios de las barbas al que rezas para aprobar un examen, pero tienen la mosca detrás de la oreja. Se pasan la vida preguntándose si hay alguien ahí. ¿Hay alguien ahí, hay alguien ahí?

—¿Y los biólogos?

—Los biólogos lo que vemos es que las cosas nacen, crecen, se reproducen, mueren y se pudren. Hay muy pocos biólogos creyentes, pero los físicos y los matemáticos no dejan de preguntarse qué hostias pasa. ¿Qué pasa para que funcione todo con la precisión de una máquina, con un lenguaje que se puede representar con ecuaciones muy simples?

—¿Y qué es lo que pasa?

—Lo iremos viendo.

En eso me dio un golpe de tos con el que casi escupí los pulmones por la boca. Tapé el auricular para que el paleontólogo no lo oyera mientras él seguía hablando:

—Pero tú quédate con lo del reloj de Paley porque, como te dije ayer, toda la obra de Darwin está dirigida a demostrar que el reloj se ha hecho a sí mismo.

—¿Cómo va a hacerse un reloj a sí mismo? —dije una vez recuperado.

—Te voy a llevar a un sitio donde lo comprobarás.

—¿Qué sitio?

—Ya lo verás, es una sorpresa.

—¿Qué tal estuvo el concierto de Pedro Guerra?

—Llegué tarde, por tu culpa.

Siete. Refundando Bettonia

—A lo más que puedes aspirar en la vida, si no eres vasco, es a ser celta —me dice el paleontólogo mientras cambia de carril dándole un giro un poco brusco al volante de su Nissan.

Son las ocho de la mañana del martes 26 de marzo y hemos vuelto a escaparnos del colegio. Los ocupantes de los automóviles que nos rodean en la carretera de A Coruña van a ganarse la vida: no hay más que observar su expresión de abatimiento o furia. A veces, si sigues durante un rato la pista de uno de esos rostros, descubres que sonríe para sí: acaba de imaginar que su jefe se muere o que le toca la lotería; que la vida, en fin, va a empezar a tratarle como se merece.

La temperatura, fuera del coche, es de dos grados, pero hace sol. La previsión es que alcancemos los quince al mediodía. Hay quejas generalizadas sobre el retraso de la primavera.

—¿Qué es eso de que a lo más que se puede aspirar en la vida es a ser celta? —pregunto tras subir un poco la calefacción bajo la mirada censora de Arsuaga, que nunca tiene frío (tampoco calor, creo).

—Mira, lo de ser celta es maravilloso. ¿Qué te queda si no eres celta?

—No sé, qué te queda.

—Pues ir a la oficina, al Carrefour, a recoger a los niños al cole...

—Algunos días voy a recoger a mis nietos.

—Me parece bien, pero uno necesita algo más, ser alguien. Imagínatelo: ¡somos celtas! Ya está solucionado el problema existencial. Formamos una gran nación y todo eso.

Recapacito unos instantes y al final le doy la razón:

—Es verdad, de un tiempo a esta parte todo el mundo quiere ser celta: los gallegos, los asturianos...

—Y los cántabros. El celtismo produce mucha emoción.

—El celtismo y la gaita —aventuro yo.

—La gaita también se toca en Turquía —me corrige él.

No sé dónde me lleva y tampoco me atrevo a preguntarle porque he empezado a disfrutar de su imprevisibilidad. Lo malo es que he desayunado poco y cuando desayuno poco me da por pensar en la comida con muchas horas de antelación.

—Los celtas —sigue diciendo Arsuaga— ocuparon el cuadrante noroccidental de la Península.

—¿Y qué queda de ellos?

—Quedamos tú y yo, que vamos a refundar hoy mismo una nación.

—¿Qué nación?

—Bettonia. Se escribe de diversos modos, pero escríbelo con be y dos tes, que es como más me gusta.

—Con dos tes suena muy centroeuropeo.

—Pues pónselas. Los bettones, toma nota de esto también, son un pueblo prerromano que vivía en lo que hoy es el Sistema Central. Lo que serían las provincias de Ávila, Salamanca y Cáceres. Ahí vivían los bettones, un pueblo espléndido que tú y yo vamos a convertir en nación.

(¿Quién dice que los paleontólogos no tienen sentido del humor?)

—¿Y qué es lo que hace falta para construir una nación?

—Una derrota y una gastronomía. Una nación que no haya sido derrotada no merece tal nombre.

—¿Quiénes los derrotaron?

—Los romanos.

—¿Y cuál era su plato nacional?

—Las patatas revolconas.

La alusión a la comida me estimula, aunque no sé en qué consisten esas patatas.

—¿De qué siglo estamos hablando?

—Del v antes de Cristo, así que ahora mismo estamos viajando hacia la Prehistoria en un coche del siglo xxi.

—¿Y cómo es que tomaban patatas en la Prehistoria, si la patata vino de América?

—Por favor, ya sé que la patata llegó muchos siglos después, pero soy incapaz de imaginar a los bettones comiendo otra cosa. No me fastidies el relato.

—Muy riguroso. ¿Y era un pueblo feliz?

—Absolutamente. Todos estos pueblos míticos eran felices y democráticos. Se reunían en asambleas y decidían a mano alzada. Tenían caza, pesca, todo en abundancia.

—¿Eran ya agricultores y ganaderos?

—Estos eran sobre todo ganaderos. Y ecologistas. Eran los mejores, de ahí la necesidad de que tú y yo hagamos una cruzada para reivindicarlos.

—¿De dónde vinieron?

—Pues mira, seguramente del centro de Europa. Hablaban lenguas celtas u otras que, sin ser celtas, eran indoeuropeas. Sitúate, Juanjo. Siglo v antes de Cristo, hacia allá vamos.

Y vamos deprisa, pues una vez abandonada la periferia de Madrid y sus atascos, el Nissan corre como un guepardo en dirección a Ávila.

—¿Vinieron en masa? —pregunto.

—No, no pienses en grandes movimientos de población. Vendrían unas élites guerreras que se apoderaron del territorio para formar una aristocracia. Maravilloso ser celta, ¿no?

—No sé.

—Respecto al anacronismo de las patatas con el que has intentado amargarme el día, quiero recordarte que en *La leyenda de Jaun de Alzate,* mi libro preferido de Baroja, los vascos comen maíz antes de que el maíz llegara de América. Baroja lo justifica diciendo que no puede imaginarse a sus antepasados comiendo mijo, como si fueran canarios. Así que comían maíz, con dos cojones.

—Y por esos mismos dos cojones los bettones comían patatas antes de que se conociera la patata.

—Exactamente. Nadie es perfecto. El paisaje que vas a ver cuando lleguemos a Bettonia es el mismo que veían cada día de su existencia los bettones, porque no ha cambiado nada.

—Y qué más debo apuntar, aparte de que era un pueblo feliz, alegre y confiado, al que no le faltaba de nada.

—Que eran unos muertos de hambre, una cosa no quita la otra. Y unos grandes cabrones. Se dedicaban a robar a los vecinos, pero no había en ello nada personal.

—Era por negocio.

—Cosas de la época. Ocupaban una zona montañosa, con sus valles, pero pobre en agricultura. Mucha piedra, mucho hueso, no había dónde meter el arado.

—Tendrían pastos.

—Pastos sí, claro, para el ganado. De vez en cuando estos bettones y sus amiguitos los lusitanos se dejaban caer bien por el Duero, bien por el Tajo y robaban el cereal a las buenas gentes que vivían allí. Lo que pillaran. Era un modo de sobrevivir a las épocas de escasez y de limar las diferencias sociales.

—¿Qué más tenían?

—Puercos; vacas y puercos, sobre todo. El ganado es acumulable. Cuando aparece el capital acumulable, aparece la estratificación social. Hay gente que tiene poco y gente que tiene mucho. En un sistema de clanes como este, hay quien tiene poco y quien tiene mucho. Así que los más pobres, de vez en cuando, tenían que hacer expediciones de...

—... de saqueo.

—... de abastecimiento. Como los vikingos. Con lo cual los pueblos de los alrededores estaban muy cabreados y cuando llegaron los romanos les pidieron ayuda.

—Los romanos fueron los Siete Magníficos.

—Algo así, pero les cobraban impuestos, claro.

—¿Qué religión profesaban los bettones?

—Pues no tenemos ni idea, pero el dios principal de los celtas era Lug. A Lug se le deben muchos topónimos.

—¿Lugo, por ejemplo? —aventuro.

—Por ejemplo. Lug viene a ser como el Thor de los germanos.

—Mira, vacas —digo señalando un grupo que pasta a nuestra derecha.

—Son avileñas. En esta zona vivían los carpetanos. A estos, ni agua.

—Carpetanos y bettones. ¿De ahí el nombre de la cordillera carpetovetónica?

—De ahí. Me parece que te vas orientando.

—No sé si me gusta el paisaje.

—El paisaje es el primer documento para entender la Historia. La geografía es la que manda. Lo es todo. Los puertos, los pasos de montaña... Todo es geografía. Para empezar, condiciona la distribución de la población. La España vacía es un producto de la geografía. Pero hay dos símbolos que caracterizan al valiente y noble pueblo bettón.

—Las patatas —apunto.

—Y los verracos, las patatas y los verracos, que son esculturas de piedra zoomorfas.

—¿Los toros de Guisando?

—Por ejemplo. Donde hay verracos hubo bettones.

—¿Y a ti por qué te gustan tanto los bettones?

—A mí me gusta casi todo, pero hoy tocan los bettones.

Hemos abandonado el Nissan en medio del campo para continuar subiendo a pie por la ladera de una elevación considerable. La temperatura es de tres grados sin piedad. A nuestra espalda queda el valle de Amblés, una depresión magnífica por la que discurre el río Adaja. Significa que nos hallamos en el corazón mismo de la provincia de Ávila. El fondo del valle, ancho y plano, transmite al visitante un sentimiento de armonía, como si la brisa fresca (fría más bien) de la mañana arrastrara partículas invisibles de opio que anestesiaran el dolor de vivir.

—¡Qué bueno, esto de escaparse del colegio! —exclamo colmado de una euforia inhabitual en un temperamento como el mío.

El paleontólogo asiente con un gesto, volviendo del interior de sí mismo, adonde se había retirado sin que yo lo advirtiera. Cuando Arsuaga cae en una de estas ausencias, su rostro adquiere una expresión de nostalgia muy cercana a la de la melancolía. No dice nada, pero estoy seguro de que está reconstruyendo mentalmente una escena prehistórica. Él es capaz de ver cómo un grupo de bettones asciende desde lo más hondo del valle. De hecho, en este instante, se vuelve y me dice:

—Por aquí mismo subían con su ganado para recogerse en el castro.

Se refiere al castro de Ulaca, que queda en la cima de la montaña por la que hemos comenzado a progresar y cuyas murallas se ven perfectamente desde nuestra posición.

—El castro —apunta— es el hogar, es la seguridad. Allí nos esperan los dioses familiares y los otros miembros del clan. En el castro estás a salvo de todo.

—Conquistémoslo, pues —lo animo, necesitado de esa seguridad mítica a la que alude.

—Antes de poseerlo —dice Arsuaga— tienes que sentir el vértigo de perderlo.

Me explica entonces que vamos a escalar hacia la derecha, alejándonos del castro para experimentar la sensación de pérdida y, más tarde, la del reencuentro.

—De paso, te voy a mostrar algo sorprendente.

Comenzamos la subida en medio de una soledad absoluta. En un momento dado, una mosca pasa por delante de mi rostro para diluirse enseguida en la atmósfera, que es fría y cortante como el acero. Aunque transparente como el vidrio.

—¡Una mosca! —exclamo.

—¿Qué pasa? —pregunta Arsuaga, que me precede por las irregularidades del camino, sin volver la cabeza.

—Nada, que ha pasado una mosca.

—Ya —asiente.

Se escucha el canto de los pájaros, pero no se ven, no se ve un solo pájaro, aunque no dejan de darse gritos entre sí. Pasamos junto a un grupo de vacas a las que el paleontólogo contempla con cierto desprecio.

—Este ganado es el de los conquistadores —dice—. Son charolesas. Por eso están llenas de colorines. La nuestra es la negra avileña.

—Ya.

Observo, en efecto, que a medida que avanzamos el castro va quedando más lejos, aunque todavía podemos apreciar parte de sus murallas. Comienzo a sentir un poco de inquietud. Quizá haya lobos por aquí, no sé, o perros asilvestrados.

—¿No sería mejor que volviéramos? —pregunto—, no se ve nada de interés.

—¿Cómo que no se ve nada de interés? —replica Arsuaga deteniéndose con expresión de enfado—. ¿No te dice nada este paisaje granítico, este berrocal que lleva siglos esperando que viniéramos a visitarlo?

No digo nada para no empeorar las cosas. El paleontólogo se está quitando el jersey para quedarse en camiseta de manga corta, pese a que la temperatura sigue siendo baja.

—¿Tú sabes de dónde viene el granito? —me pregunta.

—Ahora mismo no caigo —digo.

—Es una roca ígnea, piensa en esto. Roca ígnea. Procede del enfriamiento del magma.

La verdad es que, si lo piensas, te estremeces. Todas estas formas escultóricas que al oscurecer deben de parecer gigantes fueron en otro tiempo materia líquida y ardiente.

—¿Te has fijado —continúa Arsuaga— en que, con mucha frecuencia, sobre la cima de una roca vertical aparece una horizontal?

—Es cierto —digo.

—Se las llama rocas caballeras; no necesito, creo, explicarte por qué.

Seguimos ascendiendo en medio del paisaje de granito solidificado, sin perder de vista el castro, aunque cada vez cuesta distinguirlo un poco más. La sensación de soledad es tal, que si me dijeran que hemos ido a caer en un planeta extraño me lo creería. De súbito, al girar en un recodo del camino, la muralla desaparece.

—Ya no se ve el castro —digo como advirtiendo de un peligro.

El paleontólogo se detiene con la respiración un poco entrecortada y me invita a caminar unos metros más, hasta el siguiente recodo, donde vuelve a detenerse. Dice:

—Nos hemos internado en el territorio por una vía ganadera que tiene siglos de existencia. Hemos dejado atrás el castro, el poblado, la seguridad. Si atravesáramos la sierra que tenemos delante, llegaríamos a Talavera de la Reina.

Se queda observándome, como a la espera de que diga algo, pero no tengo ningún interés en llegar a Talavera de la Reina, si es eso de lo que habla, de modo que alzo las cejas interrogativamente.

—¿No ves nada que te llame la atención? —pregunta.

Miro en derredor mientras él continúa hablando:

—Ten en cuenta que los fenómenos más portentosos suelen ser de apariencia muy humilde.

En esto descubro a un lado de la vía, justo en la curva que acabamos de dar, una roca vertical, de unos dos metros y medio de altura, terminada en forma de meseta. Sobre la meseta hay depositadas multitud de piedras pequeñas.

—¿Eso? —digo.

—Eso —dice él—. Eso es celta. Se llama el Canto de los Responsos porque cada vez que alguien echa una piedra ahí arriba, sale un alma del purgatorio.

—Pero la idea del purgatorio es posterior a la Prehistoria.

—Claro, porque más tarde se cristianizó. Pero en sus orígenes célticos era una roca protectora. Estas rocas se encuentran en medio de los caminos. Aquí ya hemos perdido la presencia protectora del castro, del hogar. Hemos entrado en lo que los romanos llamarían el *saltus*. Ellos distinguían entre el agro, que es el campo cultivado, y el *saltus*, que es lo desconocido, el bosque, lo salvaje, lo que en definitiva no está humanizado. En el *saltus* viven los espíritus. Hay peligros, hay ánimas, hay divinidades que no pertenecen al ámbito doméstico y con las que conviene tener buena relación. Este tipo de rocas santas, de rocas sacras, tienen muchos nombres. Son piedras propiciatorias. Luego, cuando se cristianizan, evocan a las ánimas del purgatorio. Pero en su origen lo que representan es que en el campo hay espíritus a los que conviene ofrecer algo propiciatorio. Estas rocas marcan la frontera entre lo controlado y lo incontrolado. Recuerdan un poco al ónfalos griego. El ónfalos es el lugar, representado también por una piedra, donde se ponen en comunicación el mundo subterráneo, el de la superficie y el de los cielos. Seguramente nos encontramos en un lugar onfálico.

Pienso en el Aleph borgiano, ese punto en el que confluyen todos los puntos del universo, pero no digo nada porque, tras las últimas palabras de Arsuaga, el lugar que pisamos ha quedado envuelto en un coágulo transparente de silencio. Atrapados en un grumo diáfano de intemporalidad, somos capaces sin embargo de sentir el temblor de la tierra por la que en otro tiempo cabalgaron (eran buenos jinetes) nuestros abuelos bettones.

Venimos del lugar al que acabamos de llegar.

Pasados unos minutos, intervengo yo:

—Deberíamos arrojar una piedra cada uno para sacar un par de almas del purgatorio.

El paleontólogo vuelve en sí.

—¡Ni se te ocurra! Tenemos que dejarlo todo como está, por respeto.

Cuando llevamos un rato desandando el camino y aparece de nuevo el castro ante nuestros ojos, Arsuaga, al que notaba apesadumbrado desde que abandonamos el lugar onfálico, se detiene.

—Tal vez deberíamos haber arrojado esas dos piedras —dice—. Ahora me tortura la idea de que dos almas permanezcan en el purgatorio por nuestra culpa. Volvamos.

La idea de perder otra vez de vista el castro, que se ha convertido en mi punto de referencia vital, me aterra, de modo que tenemos una pequeña discusión en la que consigo convencerlo de que ha sido atacado por un hechizo de carácter supersticioso.

—Llevas razón —concluye. Y añade mirando el reloj—: Además, tenemos que subir a Ulaca y se nos va a hacer tarde.

La subida al castro de Ulaca resulta estimulante y penosa al mismo tiempo, pues la pendiente es muy pronunciada. Yo tropiezo en un par de ocasiones y me araño las rodillas y las palmas de las manos al amortiguar la caída. Arsuaga no lo ve o finge no verlo. La temperatura ha subido (cuatro grados, según la aplicación de mi teléfono móvil) y empiezo a transpirar por el esfuerzo, pero cuando me desprendo del chaquetón la brisa atraviesa el tejido del jersey y enfría el sudor, por lo que vuelvo a ponérmelo y otra vez a quitármelo y así de forma sucesiva hasta que alcanzamos la cima de la montaña, yo unos metros detrás del paleontólogo, que me aguarda jadeando levemente.

—Observa el valle desde aquí —dice—. Mira qué hermosa la sierra de Ávila. Al otro lado de esa sierra se encuentran los campos de cereales regados por el Duero.

Observo el valle y se trata, es cierto, de un lugar imaginario. Parece que estuviéramos en el interior de un cuadro hiperrealista (de ahí también su carácter fantástico) ejecutado por un paisajista holandés del XVII. Me pregunto por qué estamos condenados a vivir como irreales los mejores momentos de la vida.

Son las once y veinte de la mañana cuando entramos en el castro por la misma puerta abierta en la muralla por la que lo hacían nuestros antepasados bettones. De hecho, hemos pisado la calzada que hollaron sus sandalias (si las llevaban, me tengo que enterar).

—El castro —dice el paleontólogo— es un lugar mítico al que nunca se llega, pero nosotros hemos cogido el atajo de la realidad y aquí estamos. ¿Quién te lo iba a decir ayer?

Recuperado el ritmo respiratorio, vagabundeamos sin prisas por el interior de lo que ya se ha convertido en nuestro hogar.

—¿Había calles? —pregunto.

—No, había chozas dispersas. Fíjate en este liquen verde.

Me agacho sobre una roca de granito con forma de cráneo.

—Es el *Rhizocarpon geographicum*. Se llama así porque dibuja formas que recuerdan a los mapas.

—¡Es verdad! —exclamo con asombro—. Quizá en alguna dimensión de la realidad existan los países que representan estos mapas.

—Quizá.

—¿Y qué fue del valiente y noble pueblo bettón?

—Se romanizó, se diluyó, se licuó, no sé. Roma destruyó la sintaxis del clan para alumbrar la de la ciudad. ¿Qué crees tú que es preferible, pertenecer a un clan o a una ciudad?

—Cada cosa tendrá sus ventajas —digo sin comprometerme.

—La ciudadanía —replica él— mola porque empiezas a ser tú mismo. En el clan, como en el hormiguero, el individuo es el grupo. Los romanos crean el Estado. El Estado construye carreteras, te proporciona seguridad e identidad. Decía Ortega que la civilización consiste en coger una aldea y hacer un agujero en el centro: ese agujero es la plaza, el ágora. El ágora está de espaldas a la naturaleza, es un espacio público completamente urbano. En el ágora empieza el pensamiento, la comunicación, la política, el mercado, la economía. Es la negación de la naturaleza, es el no-campo. Lo primero que te debes preguntar de una cultura es si tiene espacios públicos. De ser así, se trata de una civilización en el sentido contemporáneo del término. En caso contrario, es una agrupación.

A las doce seguimos dando vueltas sin objetivo alguno por el interior de la muralla del castro de Ulaca. Estamos solos y un poco idos, como si hubiéramos tomado alguna sustancia alucinógena o, en su defecto, un par de ibuprofenos. El viento, a esa altura, embiste y ruge como si nos quisiera echar. De súbito, junto a la muralla, tropezamos con unas escaleras de piedra por las que se accede a una arquitectura granítica muy simple y sofisticada al mismo tiempo. Es un lugar prehistórico de sacrificios.

—Calcula que ahora estamos en el siglo II antes de Cristo —dice Arsuaga—. Por estos surcos —añade señalando unas hendeduras efectuadas en la piedra— corría la sangre del animal sacrificado. Acuérdate del dios Lug.

—Me acuerdo.

—Es un dios antiguo, prehistórico, de los que solo pedían reverencia y sacrificios a los seres humanos. ¿Sabes cuándo aparece el dios meticón, el dios que se preocupa por nuestras acciones, el dios que te castiga si te acuestas con quien no debes y el que vigila lo que piensas, porque también se puede pecar de pensamiento?

—¿Cuándo?

—Te lo explico en el coche, de vuelta a casa. Ahora iniciemos el descenso para comernos unas patatas revolconas en homenaje a nuestros antepasados.

Descendiendo, resbalo un par de veces en los mismos lugares en los que me caí al subir. Pero voy alegre y confiado, como un bettón hambriento, pensando en la comida.

—Si refundáramos Bettonia —pregunto al paleontólogo—, de qué viviríamos.

—De las subvenciones, ¿de qué, si no?

Comemos en Solosancho, un pueblo del valle, donde pedimos, claro está, patatas revolconas. No digo nada para no enturbiar la atmósfera, pero me decepcionan cruelmente. Se trata de un puré con pimentón y ajo. Como plato nacional no alcanza la complejidad de la paella valenciana, ni la de las fabes asturianas, ni la del pote gallego, por poner tres ejemplos. Estos bettones, pienso, eran unos pobres diablos llenos de piojos. El paleontólogo pide al dueño del bar Tsunami, que así se llama el establecimiento (no nos atrevemos a preguntar por qué), que nos eche por encima del puré un par de huevos fritos, pero el hombre se niega. Dice que nos los servirá de segundo plato.

En cualquier caso, gracias al apetito despertado por las emociones y la caminata, comemos con gusto mientras entre bocado y bocado Arsuaga me pregunta si me acuerdo de las palancas de segundo grado. El paleontólogo es un enseñante compulsivo y yo, un alumno insaciable, una cosa por otra, pero a veces me canso de aprender, como cualquiera.

—No caigo.

—Es la palanca del cascanueces. Nuestras mandíbulas, si te fijas, funcionan de ese modo, como un cascanueces —aclara haciendo gestos exagerados con la boca.

—Pensaré en ello —digo antes de cambiar de conversación.

Ya en el coche, de vuelta a Madrid, reanimado por los huevos fritos y el café, solicito al paleontólogo que vuelva al asunto del «dios meticón».

—Ah, sí —dice—. En las religiones antiguas, la relación de los humanos con dios es de puro respeto, de pura reverencia. Lo que dios nos exige es que le hagamos sacrificios y le rindamos honores. Punto. Pero hay un momento en el que dios se empieza a interesar por lo que los humanos nos hacemos unos a otros. Es un dios que nos controla todo el rato, está al loro. Se preocupa por la conducta social. En definitiva, es un dios prosocial.

—Prosocial desde el punto de vista de la sociedad en la que aparece, supongo.

El paleontólogo finge que me escucha, pero sigue a lo suyo:

—Hace poco, en una revista científica se ha publicado un *paper* en el que se emplea el método científico para hablar de este asunto. Lo que se preguntan sus autores es si tienen algo en común las sociedades que desarrollaron dioses meticones o prosociales, como prefieras llamarlos.

—¿Y?

—Es muy interesante. Primero han elaborado una escala para medir el grado de complejidad de esas sociedades.

—¿Con qué criterios?

—Con muchos. Yo qué sé. El primero de ellos es el del tamaño de la población. Pongamos un millón de habitantes. A continuación, que tengan, por ejemplo, un sistema de correos, una administración pública, un ejército profesional, calzadas, canalizaciones, etcétera. Me sigues, ¿no?

—Te sigo, pero no me mires a mí, mira a la carretera o deja que conduzca yo.

—¿Vas inseguro?

—No, no, conduces muy bien, pero me miras demasiado.

—Es que me fascinas.

—Vale, muchas gracias. Entonces ya tenemos un número equis de condiciones que definen a una sociedad compleja.

—Exacto. Y ese índice de complejidad va de cero a diez. Pues bien, resulta que todas las sociedades con un dios meticón tienen un índice de complejidad superior al 6,1. Esta es la pauta. Solo aparecen dioses meticones en sociedades complejas.

—¿Quiere eso decir que los dioses meticones crean sociedades complejas?

—Al revés: que cuando las sociedades alcanzan cierto grado de complejidad necesitan la aparición de un dios meticón. La sociedad es la causa y el dios es el efecto.

—Ya.

—Pero ahora viene lo mejor. Los autores del *paper* acuden a la Historia y observan que hay un desfase temporal entre la aparición de la complejidad y el nacimiento del dios meticón.

—¿Cuánto tarda en aparecer?

—Varios siglos.

—¿El dios prosocial se manifiesta cuando la sociedad lleva varios siglos complejizada?

—Bueno, antes de que aparezca, esas sociedades tienen muchos rituales de carácter religioso, ya conocen a los profetas, etcétera. Con la llegada de ese dios, las sociedades se cohesionan más porque el dios prosocial fomenta y favorece las conductas sociales y castiga las antisociales.

—Entonces tiene una función de orden práctico.

—Claro.

—Y es un dios que se apunta a las corrientes dominantes de la sociedad en la que aparece.

—Sí.

—Que es homófobo si en esa cultura se persigue a los homosexuales.

—En efecto.

—Y que ordena extirpar el clítoris a las niñas si es lo que se estila en la sociedad compleja en la que aparece.

—Lógico.

—Y es un dios patriarcal y machista cuando la estructura de sociedad en la que se le reclama es patriarcal y machista.

—Por supuesto. Pero lo dices en un tono absurdo, como si yo fuera partidario de la existencia de ese dios. Solo trato de explicarte que los fenómenos religiosos se pueden abordar desde la perspectiva de las ciencias experimentales.

—Es verdad, perdona.

—¿Te parece o no te parece interesante?

—Es interesante, pero da un poco de miedo, porque ese dios, por lo que veo, viene siempre a sancionar la ideología dominante.

—La complejidad no es garantía de bondad, ni siquiera garantía de justicia. Pero vamos a ver ahora un caso histórico que te va a llamar la atención: en la América precolombina no había un solo dios meticón. Ni uno. ¿Por qué? Porque ninguna sociedad alcanzaba el 6,1 de complejidad preciso para su aparición. Para ser exactos, solo hay una sociedad compleja: la de los incas. ¿Pero qué les pasa a los incas? Que cuando llegan los españoles, y debido al desfase del que hemos hablado antes, carecen todavía del dios prosocial. Les falta un pelín, a lo mejor cien años, pues ya disponen de todo lo que hace falta para su aparición. Por tener, tienen hasta una clase sacerdotal. El dios prosocial no puede aparecer cuando cada individuo tiene sus creencias. Ha de haber ya unas creencias colectivas regladas, fijadas, universalizadas y organizadas. Una vez que todo está dispuesto, se manifiesta dios.

—Con un nombre distinto en cada sitio, claro.

—Sí, pero es el mismo en todas partes. A los incas, en fin, no les dio tiempo a tener su propio dios, pese a reunir las condiciones precisas, porque llegaron los españoles con el suyo.

—Pero las sociedades occidentales actuales son complejas y sin embargo son laicas.

—Bueno, eso de que son laicas... A lo mejor es que hemos dejado de necesitar a Dios porque ya está en el código penal. La cuestión está en saber si la ONU y demás organismos internacionales que han sustituido al dios meticón tienen la fuerza suficiente para mantener cohesionadas a las sociedades laicas. El experimento de las sociedades sin dios es muy reciente. No sabemos aún qué va a ocurrir.

—Mientras no cambien los dioses, nada habrá cambiado —digo yo citando a Ferlosio.

—¿Es o no es entretenido el tema desde el punto de vista especulativo?

—La verdad es que sí.

—Yo soy ateo —añade el paleontólogo—, pero no disfruto metiéndome con las creencias de nadie. No creo que sea preciso acabar con las religiones para mejorar. Lo bueno del dios meticón, del dios prosocial, es que vale lo mismo para ateos y para religiosos inteligentes. Religiosos complejos, podríamos decir. El ateo diría que dios es un producto cultural característico de las sociedades complejas. Se trata, en fin, de una construcción, lo mismo que una calzada.

—¿Qué diría un creyente?

—Diría que es inevitable que el ser humano acabe encontrando a dios por la propia dinámica de la Historia. Dios está ahí y es fatal que el hombre lo encuentre si alcanza determinados niveles de complejidad.

—¿No hay ahí un cierto determinismo histórico?

—Es que la Historia tiene pautas, progresa de acuerdo con determinados patrones que se repiten. Mark Twain decía que la Historia no se repite, pero rima. Es un modo literario de decirlo.

—Pero si la vida individual es producto del azar, ¿cómo es posible que la colectiva sea el producto, digamos, de una planificación?

—¿Qué quiere decir eso de que la vida individual es producto del azar?

—Yo no sé cuándo voy a morirme, por ejemplo.

—Tú no, pero las casas de seguros sí. El individuo importa poco. Yo no sé qué será de esta hormiga concreta, pero puedo detallarte la evolución del hormiguero. La Historia no es una sucesión de hechos meramente yuxtapuestos.

—¿La historia tiene sentido entonces? ¿Tiene una dirección?

—Tiene patrones. Y hoy no te dejo en tu casa porque tengo prisa. Te bajas aquí y coges el metro o un taxi, lo que quieras.

Me doy cuenta de que acabamos de entrar en Madrid, pero no estoy seguro de si me ha invitado a bajar o me ha echado del Nissan. El paleontólogo sufre arranques de tristeza que a veces disimula bajo una actitud irónica y a veces bajo un disgusto efímero.

Creo que le molesta la idea de que la vida sea absurda.

Esa noche, a las tres de la madrugada, me desperté sudando, con un ataque de ansiedad. Se me habían aparecido en sueños las dos almas que no habíamos sacado del purgatorio. Pese a lo intempestivo de la hora, fui al salón y puse un wasap al paleontólogo: «No puedo dormir pensando en las almas del purgatorio».

Sorprendentemente me respondió enseguida.

«Yo tampoco. Tenemos que volver.»

Ocho. No hay relojero

—En nuestros días —dice Arsuaga—, el perro es el rey de la casa, aunque mucha gente los castra. Es el único inconveniente de ser un animal doméstico.

—Pero estar castrado sin saber que estás castrado debe de ser una maravilla, ¿no? —digo yo.

Resulta que es un sábado de finales de abril y que el paleontólogo me ha citado al mediodía en la Institución Ferial de Madrid, donde hay una reunión de toda clase de mascotas acompañadas de sus dueños. La estrella del encuentro es el perro, claro, pero vemos loros, gatos, reptiles, ratones, chinchillas, conejos... Hay un trasiego semejante al del arca de Noé momentos antes de que se cerraran sus puertas y comenzara el diluvio. Personas y bestias se mueven de un lado a otro como buscando el lugar más cómodo para la travesía. Las voces de pánico, alerta o euforia de las diferentes especies animales se trenzan con las de los seres humanos y ascienden hasta el hondo techo del pabellón, contra el que rebotan y vuelven a precipitarse sobre nuestras cabezas en forma de lluvia de decibelios. No es fácil entenderse.

—¿Qué dices? —pregunta el paleontólogo elevando la voz.

—Digo que estar castrado sin tener conciencia de estarlo debe de ser estupendo.

Ahora he chillado tanto que una señora que se encontraba cerca, con un pekinés asustado entre sus brazos, me ha observado con la curiosidad con la que los visitantes observan a las mascotas ajenas.

—¿Por qué? —dice Arsuaga sin reparar en la señora.

—Hombre, porque te quitas una preocupación de encima. Buñuel contaba en sus memorias que una de las cosas que más agradecía de haberse hecho mayor era la disminución del deseo sexual.

—¿Sí?

—Decía que, de joven, cuando llegaba a una ciudad nueva para un rodaje, lo primero que tenía que arreglar era con quién follaría esa noche, lo que le provocaba un estrés considerable.

—No sabía eso de Buñuel, pero, en todo caso, la castración no es natural.

—Hay tantas cosas naturales que nos hacen sufrir —respondo, por experiencia propia, para mis adentros.

Atravesamos la nave tropezando con toda clase de bípedos, cuadrúpedos, seres alados, mamíferos, ovíparos... Los únicos que van sin mascota ni dueño somos nosotros. Temo que resultemos raros.

—Si nos preguntan qué hacemos aquí —le sugiero a Arsuaga—, decimos que yo soy tu mascota.

El paleontólogo anda abstraído en la búsqueda de una puerta, con la que finalmente da, y que se abre a otra enorme nave en la que solo hay perros. La torre de Babel anterior queda reducida a un idioma, el de los ladridos, cuya variedad resulta asombrosa. Hay canes de todos los tamaños, de todos los colores, de todas las razas, de todas las clases sociales. Digo:

—Les debe de confundir mucho este ruido ambiental porque los perros tienen buen oído, ¿no?

—Tienen buen oído, pero sobre todo son olfativos.

—¿Predomina en ellos el olfato?

—No es que predomine, es que su cerebro es olfativo. Su mente, y llamaremos mente a la representación interior del mundo exterior, es olfativa. En los mamíferos, salvo excepciones, es así. Para ellos el mundo es química, pura química. Moléculas. Nosotros, en cambio, como el resto de los primates, nos representamos el mundo en forma de imágenes. Literalmente, imaginamos.

(Literalmente, imaginamos. ¡Qué bueno! Tomo nota.)

Luego cierro los ojos en un intento de dar forma al mundo abriendo las fosas nasales hasta el límite. Pero soy un ciego olfativo: no logro reconstruir el espacio, pese a la variedad de olores que mi pituitaria es capaz de recoger.

—La vista —digo— es el órgano más invasor. Y el que más engaña.

—Lo importante es que te quedes con la idea de que nuestro cerebro es visual —dice Arsuaga—. Si un hombre se queda ciego, su cerebro no cambia, sigue siendo visual. Anótalo.

Lo anoto: si pierdes la vista, tu cerebro, pese a su plasticidad, continuará siendo visual. Significa que estás jodido.

—Pero la vista —insisto— engaña más que el olfato, ¿o no?

—Los olores son como más reales. Habría que pensarlo. El perro tiene algo fantástico, y es que es el más humano de los animales. Más humano que los chimpancés porque lo hemos creado a nuestra imagen y semejanza. Somos su dios.

—Es también el primer animal que domesticamos, ¿no?

—Sí, nos acompaña desde la Prehistoria. Somos su dios y de hecho ellos nos ven como su dios. Hacen cosas que los chimpancés no hacen. Para empezar, se comunican con nosotros. Les hemos enseñado a hablar. El lobo, del que proceden todas las clases de perros conocidos, no ladra, se comunica.

—Los perros, es verdad, forman parte de la familia —digo recordando un antiguo documental—. Su sueño es ocupar nuestro lugar.

—Cuando lo intentan, los matamos. No llegan a ser adultos porque no se atreven a desafiar la autoridad del amo.

—Pierden la batalla, pero lo intentan —me empeño yo.

—Si son de una raza bien amaestrada, ni lo intentan. El de la domesticación, ya lo irás viendo, es un gran tema. Los seres humanos somos una especie autodomesticada.

El paleontólogo se detiene. Mira en derredor con expresión entre asombrada y satisfecha, como si fuéramos los dioses de toda aquella variedad de perros que parecen la prolongación de sus amos, a quienes permanecen unidos por el cordón umbilical de la correa. Los hay que caminan erguidos, desafiantes, y los hay que se pegan a las piernas de sus dueños como para fundirse en ellas. Descubrimos, en un extremo de la nave, una sección llena de mesas especiales sobre las que los acicalan, seguramente para los concursos de belleza. Ellos se dejan hacer como nosotros en la peluquería. También aparecen, aquí y allá, pequeñas islas comerciales en las que se encuentra todo lo que uno pueda imaginar para hacer feliz a su mascota: comida, golosinas, juguetes, collares, correas, camas, almohadones...

—Bueno —dice el paleontólogo—, estamos aquí porque la única forma de entender la evolución, el darwinismo, es estar aquí.

Tengo la impresión de que el razonamiento se muerde la cola, como un mastín al que hemos visto dar vueltas sobre sí mismo de forma enloquecida, pero no digo nada. En esto, se escuchan aplausos provenientes de nuestra espalda. Nos giramos y descubrimos, a unos metros, una especie de corral donde un perro con mucho pelo hace una exhibición de habilidad. Su dueño lanza al aire unos platos de plástico que el animal caza al vuelo y se los devuelve. Cuando ha recogido siete u ocho, se coloca de un salto en los brazos del hombre, desde donde saluda al público. Se le ve feliz.

—¡Disfruta con nuestras miradas! —exclamo en voz alta.

—¿Quieres decir que tiene vanidad?

—Eso parece.

—No lo sé, no lo sé. Lo que sí creo es que si su dios, que es el hombre, está contento, él también lo está. Ese es su premio: que su dios esté contento.

—Y su dios —apunto yo— es ese señor gordito que le lanza los platos.

—En efecto.

—¿Cuántas razas de perros hay?

—Lo ignoro, pero cada vez más. La mayor parte son muy recientes, del siglo XX. Antes había grandes troncos, luego se empezaron a depurar.

—¿Depurar?

—Sí, se escogían razas locales y se iban mejorando.

En esto, el paleontólogo vuelve la vista hacia un perro que es, literalmente hablando, un lobo. No un perro lobo, sino un lobo verdadero. Asusta verlo.

—Mira —dice Arsuaga—, ese perro con aspecto de lobo es de una raza checa o húngara. Vamos a preguntarlo.

El dueño, un chico de unos veinte años, nos informa de que es checoslovaco.

—¿De qué región? —se interesa el paleontólogo.

—No estoy seguro —dice el joven.

—Es manso, ¿no?

—Depende, si no le caes bien te saca los dientes.

El animal permanece con el rabo entre las piernas, pegado al muslo de su dueño. De vez en cuando levanta la cabeza y nos mira. Sabe que hablamos de él o tal es la impresión que me produce.

—¿Ha intentado sustituirte como macho dominante? —pregunta Arsuaga.

—A ver, a mí no —dice el joven—, pero de los desconocidos no se fía. A mí y a mi pareja nos respeta, pero tenemos que dejarle claro todo el tiempo quién es el que manda. Forma parte de nuestra manada, como si fuese un lobo, pero hay que recordarle continuamente que siempre estará detrás de ti.

—¿Tú eres el jefe? —pregunta Arsuaga.

—Sí —dice el chico.

—Y hoy, aquí, ¿cómo está?

—Está nervioso, ya lo ves, con el rabo entre las piernas. Hay mucha gente, muchos perros, y eso le agobia un poco.

—¿Tiene buen oído? —inquiero yo.

—Y olfato, sobre todo olfato. De hecho, hay perros de esta raza que se emplean para buscar trufas. Este es joven, tiene nueve meses. Pesa veinticinco kilos, y llegará a los cuarenta y cinco.

—¿Y ladra?

—Ladra, como todos, pero cuando está solo, aúlla.

—Aúlla para reunir a la manada —me explica Arsuaga.

—Sí —dice el dueño—, lo oyes y es igual que un lobo. Los checos lo crearon con fines militares. Buscaban un pastor alemán que tuviera mayor resistencia al trabajo físico. Lo cruzaron con un lobo y surgió esta raza. Pero fue un fracaso para los militares porque son menos dóciles que el pastor alemán. El caso es que la raza le gustó al hombre que la creó y siguió adelante con ella. Es muy reciente, de 1955. En España hay bastantes, pero se producen muchos abandonos porque son perros complicados. Si los dejas solos, te destrozan la casa. Se ponen muy nerviosos cuando les faltan los dueños. Echan de menos a la manada. Es un animal difícil. Te lo tienes que pensar.

—Es un lobo total —concluye Arsuaga.

Y seguimos a lo nuestro, abriéndonos paso entre perros de estéticas diferentes, de culturas distintas, entre perros señoritos, con moño, y perros proletarios, con greñas, entre perros de aguas y galgos anoréxicos, entre perros que se parecen a sus dueños y dueños que se parecen a sus perros.

Seguimos a lo nuestro, decía.

Lo nuestro es el reloj de Paley.

—Paley —apunta Arsuaga— era aquel filósofo y teólogo del XVIII que intentaba demostrar la existencia de Dios por la analogía existente entre la maquinaria de un reloj y la maquinaria del mundo. ¿Te acuerdas?

—Me acuerdo —digo yo—. Decía que, si encuentras una piedra en medio del campo, pensarás que siempre ha estado ahí, que forma parte de la naturaleza. Pero que si encuentras un reloj, pensarás que alguien lo ha dejado ahí porque un reloj no puede hacerse a sí mismo. Entonces, del mismo modo que el reloj necesitó un creador, el universo, que es más complejo, hubo de tener un relojero: Dios.

—Eso es. Y yo te dije que toda la teoría de Darwin se fundamenta en demostrar que el reloj se ha hecho a sí mismo. En otras palabras, que la naturaleza no necesita de la existencia de un diseño inteligente. ¿Vale?

—Vale.

—Y ese era el gran problema contra el que se estrellaba Darwin —añade—. Un ojo, en apariencia, no se podía crear solo, por la mera reunión azarosa de sus partes. Tenía que haber una intención, un propósito, para que se creara un sistema de tal complejidad. Darwin creía en la evolución. Pensaba que las especies evolucionaban y se modificaban con el tiempo sin necesidad alguna del «relojero», pero no encontraba la manera de explicarlo, no daba con el mecanismo, no hallaba el porqué. En ciencia, si no tienes la explicación, es como si no tuvieras nada. Tú puedes observar que el sol sale por las mañanas y se pone por las noches, pero si no eres capaz de añadir el porqué, te quedas en la mera observación.

—Darwin —digo, tratando de entenderlo— necesitaba demostrar que las especies, en la naturaleza, evolucionaban sin necesidad de que detrás de esa evolución hubiera un propósito.

—Exacto. ¿Cómo se puede alcanzar la perfección que vemos en los seres vivos sin la existencia de un diseño previo?

—¿Cómo?

—Darwin se pasó muchos años estudiando la domesticación de los animales. Intuía que había algo en común entre la producción de las razas domésticas de perros y la evolución, pero no adivinaba qué hasta que dio con la idea de la «selección inconsciente». Nadie le ha otorgado a este hallazgo la importancia que se merece.

—Tú sí.

—Yo escribí un librito sobre el asunto porque me parece capital. Darwin descubre que en la antigüedad nadie intentaba, como ahora, crear, yo qué sé, una raza de caballos para competir en el hipódromo, o una raza de vacas que produjera mucha leche. Tampoco un perro guardián o una paloma mensajera. Lo que hacemos en la actualidad se llama «selección consciente». Todas las razas de perros que se exponen aquí son el resultado de una selección consciente. Pero en la antigüedad la gente se limitaba a quedarse con el animal que le era más útil sin pensar en crear una raza. Si una oveja daba mucha lana, la dedicaba a la reproducción y la otra se la comía. Si una mazorca de maíz era más gorda que el resto, la reservaba para la siembra. En otras palabras, no hay un salto tan grande entre la selección consciente, que llevamos a cabo en la actualidad, dirigida a mejorar las razas de esto o de lo otro, y la selección inconsciente llevada a cabo por la naturaleza.

—No me parece acertado —apunto yo— decir que el agricultor y el ganadero se quedaran con la oveja que daba más lana o la mazorca que producía más granos sin propósito alguno.

—Sin propósito consciente, insisto. El perro bodeguero de Jerez, por ejemplo, resultaba ideal para mantener las bodegas limpias de ratones porque era un perro chico, que se metía por todas partes. No había concursos de belleza ni de eficacia de perros bodegueros. A los que resultaban más útiles para una función, se les permitía reproducirse y punto. La domesticación es, fundamentalmente, el control de la reproducción. Anota esto: la domesticación consiste en el control de la reproducción. ¿Sí o no?

—Sí.

—¿Qué entendemos por especie doméstica? Que tú controlas su reproducción. Tú decides quién se reproduce. Tú seleccionas cuál se reproduce y cuál no.

—Y esa selección en gran medida era inconsciente.

—En la antigüedad, sí. Pues bien, esta es la idea de Darwin respecto a la naturaleza: selección inconsciente. No hay relojero, no hay planificación, no hay objetivo, no hay dirección, no hay propósito. Los seres que mejor se adaptan al nicho que ocupan sobreviven y se reproducen. El agente de la perfección y la belleza que observamos en la naturaleza es la muerte. Lo que está detrás de la armonía que ves en el campo es la Parca con su guadaña.

—Y los que perecen son los que Bataille llamaba la «parte maldita». Tiene un libro con ese título.

—Llámalo como quieras. Un guepardo corre noventa kilómetros por hora. Si hay uno que, por lo que sea, solo alcanza los ochenta y cinco, está muerto. Todo lo que sea bajar de noventa, entre los guepardos, es estar muerto.

—La perfección se da, pues, en cada caso.

—Darwin insiste mucho en eso: no hay una perfección general, sino una perfección particular. Las máquinas y los seres vivos son buenos si son buenos en su nicho de actuación, en el lugar que ocupan en la economía, en su mercado.

—¿En su mercado?

—Entonces Darwin lee a Malthus, que es el fundador de la demografía y que ha escrito un libro en el que dice que no es bueno que se ayude a las familias pobres porque si se las ayuda tendrán más hijos, con lo que habrá más mortalidad. Lo que significa que si a la población no se le pone freno, crece geométricamente, cuando los recursos crecen más despacio. Si no hay control, en fin, aparece la miseria, el conflicto. Cuando Darwin lee eso, dice: «Ya está, nacen muchos más lobos de los que pueden vivir».

—¿Muchos más lobos?

—Y ciervos y petirrojos y conejos, lo que se te ocurra. En ecología hay un concepto denominado «capacidad de soporte del medio». Para que te hagas una idea, una vaca, no sé, o un uro necesitan a lo mejor cinco hectáreas de pasto. El medio no soporta más, no caben más vacas, más ciervos, más leones. Lo primero que se hace cuando se diseña un parque natural es preguntarse: ¿cuántas cabras caben aquí? —apúntalo: capacidad de soporte del medio—. Pues caben cinco mil, por ejemplo.

—Pero eso en la naturaleza se regula solo.

—Sí, se regula con la muerte. Por la ley de la competencia. Sobreviven los guepardos que corren más de noventa kilómetros por hora. Ya lo tienes, ese es el razonamiento. Muere la inmensa mayoría de las cabras que nacen. Es una selección natural brutal.

—La parte maldita —insisto yo.

—Llámalo como quieras —repite él—. Los murciélagos son perfectos como murciélagos.

—Pero como topos son un desastre.

—Lo vas pillando. Así es como Darwin, leyendo a Malthus, dio con la clave. Selección inconsciente: que compitan entre ellos. Se dio cuenta de que, aunque en la naturaleza todo parece que está vivo, en realidad está casi todo muerto debido a la selección natural.

—No hay relojero, pues.

—Hay competencia, selección, y el porcentaje de los que sobreviven es mínimo. Esto vale para cualquier especie, también para la humana. Tú y tu mujer podríais tener en torno a dieciséis hijos de los que, en un medio natural, solo sobrevivirían dos.

—Suena fuerte.

—Por eso se ha malinterpretado con frecuencia a Darwin, porque su descubrimiento tiene muchas derivadas. Además, al inspirarse en la demografía y en la economía mucha gente lo ha utilizado para justificar el *statu quo.* «Lo dice Darwin», argumentan.

—¿Darwin leía todo lo que le caía en las manos?

—Todo. Mira, de esto no hay constancia escrita, pero muchos creemos que el autor que más influyó en Darwin fue Adam Smith. Smith cree en la mano invisible del mercado. Dice que funciona sola, que no hay que intervenir. De ahí el liberalismo. La mano invisible de la economía lo regula todo y produce el progreso de las naciones. Dejándola sola, la economía dará lugar a la especialización: aparecerán los carpinteros, los panaderos, los albañiles... La variedad de oficios ocurrirá sola porque la gente, según sus aptitudes, ocupará un nicho en ese sistema complejo que es la sociedad, y la sociedad progresará de modo semejante a como progresa la naturaleza. Hay una economía de la naturaleza: las especies se adaptan para desarrollar determinado oficio, para ocupar un nicho. Darwin nunca dijo que hubiera leído a Adam Smith, pero seguramente lo leyó en el otoño de 1838.

—Has hablado de progreso. ¿Pero qué se entiende por progresar?

—La vida, partiendo de formas muy simples, se ha ido desplegando y perfeccionando.

—¿La complejidad como forma de progreso?

—Eso, por un lado. Por otro, en los años de Darwin había una sensación general de optimismo. En la época victoriana se pensaba que la sociedad progresaba en todos los terrenos y que ese progreso era imparable. Había más riqueza, más confort, más salud, más felicidad. Los ingleses de ese momento tienen grabado a fuego el concepto de progreso.

—¿Y qué pasa con las clases desfavorecidas?

—El progreso las alcanzaría también. Hay una euforia desbordada. Con la segunda parte de la Revolución Industrial, todo se complica. La multiplicación de las fábricas, la minería, los trabajos penosos... Aparece, en fin, el proletariado urbano... Pero en la época de Darwin estaban haciendo el tránsito de una población agrícola muy pobre, con una aristocracia muy rica, a unas clases urbanas que vivían mejor que en el campo. Empezaban a crecer las ciudades... Además, los ingleses estaban conquistando un imperio.

—Hay una sensación de poderío.

—Hay una sensación de progreso imparable que a Darwin le influye porque es victoriano. En todo caso, Adam Smith le propone un modelo económico que explica la historia de la vida.

—¿Darwin era un darwinista social? ¿Le parecía bien aplicar a las relaciones entre los seres humanos las leyes que había descubierto en la naturaleza?

—No, Darwin era muy buena persona. Era antiesclavista, por ejemplo. El problema no es cuando el viaje se hace de la teoría económica a la naturaleza, sino cuando se hace al revés: de la naturaleza a la teoría económica.

En ese instante nos detenemos frente a un estand en el que hay una exhibición de perros de la alta burguesía. La jueza observa cómo caminan junto a sus dueños, calcula su estatura, valora la posición de sus patas, de su rabo, evalúa la forma de sus orejas, la longitud de su lomo...

—Mira —dice el paleontólogo—, están examinando morfológicamente a esos perros. No te pierdas la cara de preocupación de los dueños, parece que están haciendo una oposición a Correos.

—O a notarías —digo yo.

—O a abogados del Estado —añade él.

—O a catedráticos de Paleontología —bromeo yo.

—Déjalo ahí —dice él—. ¿Has tomado nota de la importancia que tuvo para Darwin la observación de los animales domésticos?

—Creo que sí.

—Pues entonces te invito a una cerveza y me voy pitando, que tengo una comunión.

—¿Una comunión?

—¿No te habías dado cuenta de que he venido con chaqueta?

Nueve. Superpeluche

En junio se cumplió un año del primer encuentro entre el paleontólogo y yo. Un año durante el que no nos subió el colesterol ni nos aumentó la presión arterial ni nos cayó una teja en la cabeza. Comparadas con la marcha del mundo, nuestras vidas discurrían sin sobresaltos reseñables. La asociación funcionaba, en fin. Le llamé para decirle que deberíamos celebrarlo y estuvo de acuerdo.

—Te llevaré a una juguetería —añadió.

Al colgar me quedé un poco preocupado. ¿Pensaba comprarme un peluche como regalo de aniversario? ¿Había empezado a descubrir mi neandertalidad profunda? En tal caso, ¿qué debería regalarle yo?

¿Qué puede ofrecerle un neandertal a un sapiens?

Me citó en una tienda de muñecas de la calle del Arenal de Madrid a las siete de la tarde de un sábado. La calle del Arenal, que está peatonalizada, une la Puerta del Sol con la plaza de la Ópera, dos puntos neurálgicos de la ciudad. La arteria hervía de gente, como una placa de Petri hierve de microorganismos en el laboratorio. Llegué media hora antes, según mi costumbre, para inspeccionar los alrededores, y me asomé al establecimiento, que se trataba, en efecto, de una juguetería cuya estética evocaba las tiendas inglesas de los años veinte del pasado siglo. En el escaparate se exponían decenas de bebés hiperrealistas, pero también peluches y hasta una casa de muñecas.

Me vuelven loco las casas de muñecas. La que había en el escaparate tenía dos pisos y una buhardilla y estaba abierta por la mitad, mostrando sus entrañas: el salón, la cocina, los baños, los dormitorios... En el salón había un grupo de personas mayores tomando el té. En uno de los dormitorios, una niña, que me recordó a la Alicia de Carroll, se miraba en un espejo ovalado, de los de pie. En la buhardilla, un mayordomo y una cocinera departían sentados en el borde de una cama alta. Parecía un mundo en paz, quizá demasiada. Yo habría puesto en el piso inferior, debajo del hueco de la escalera, un ahorcado colgando de una viga.

Al rato, empecé a dudar de si Arsuaga me había citado realmente allí o había sido un sueño. La sospecha aumentó al comprobar que a la hora prevista no había llegado. Me metí en un bar próximo desde el que podía vigilar la entrada de la tienda y pedí un café para hacer tiempo y reflexionar sobre mi situación mental. A eso de las siete y cuarto, cuando estaba a punto de marcharme, lo vi llegar un poco apurado, abriéndose paso entre el gentío.

—¡Lo siento, lo siento! —se disculpó—, es que vengo de la sierra, de hacer una marcha, y he cogido a la vuelta un poco de caravana.

Le pregunté qué hacíamos allí.

Él se volvió y señaló a la muchedumbre y exclamó:

—¡Observa qué energía!

Detesto la energía, detesto la euforia, detesto a las masas, pero fingí entusiasmarme con aquel espectáculo de sábado por la tarde en el centro de una de las grandes urbes europeas.

—Ya he observado la energía —dije transcurridos unos segundos—. ¿Y ahora qué? ¿Qué vamos a hacer en una juguetería?

—Se aprende en todas partes —sentenció el paleontólogo sonriendo con cierta condescendencia.

El aire de la sierra le había sentado como un chute de coca. Además, se había dado un corte de pelo que le proporcionaba un aire adolescente. Iba con una camiseta de manga corta y vaqueros. Me pareció que ese día estaba especialmente delgado. Por un momento me resultó un poco odioso, la verdad.

—Esta ebullición —me explicó sin moverse del sitio— tiene que ver con el soma, con el cuerpo, pero cada una de esas personas lleva dentro un paquete genético. ¿Hemos hablado de esto, de las líneas germinal y somática?

—No me suena.

—El cuerpo es el vehículo de los genes. Hay quien dice que, llegado el caso, los genes prescindirían del cuerpo, lo desecharían en su propio beneficio porque son egoístas. Es un modo de mirarlo. En la dicotomía huevo/gallina, elegimos la gallina, pero hay un aforismo según el cual la gallina no es más que el instrumento que utiliza el huevo para perpetuarse.

—La gallina sería la cáscara.

—Algo así. Toda esta gente morirá, tú y yo también, pero nuestros genes atravesarán los siglos. Vienen haciéndolo desde el principio de los tiempos.

Imaginé muerta a toda aquella multitud, entre la que había cientos de adolescentes que entraban y salían de los numerosos bares, y me pareció una carnicería.

—Vamos a ver ese koala —dijo Arsuaga y se dirigió a un peluche de unos dos metros que se hallaba cerca de la iglesia de San Ginés y junto al que los niños se retrataban.

—¿Y la juguetería?

—La juguetería luego. Tenemos tiempo.

Nos abrimos paso entre los cuerpos hasta alcanzar nuestro objetivo.

—Estamos ante un superpeluche —señaló al monstruo—. El koala es en sí mismo un animal-peluche. Nos encantan los animales-peluche porque nos producen ternura. Los genes nos manipulan para que despierten en nosotros un afán de protección.

—Bueno, este da un poco de miedo —dije yo considerando su tamaño.

El paleontólogo siguió a lo suyo:

—... un afán de protección semejante al que sentimos por los niños de nuestra especie. A los niños no los consideramos una amenaza, ¿verdad? No forman parte del engranaje, no juegan la partida social en la que apostamos los adultos. No compiten. Y eso tienen que hacérselo ver a nuestros resortes emocionales inconscientes, a nuestros resortes hereditarios, genéticos, a nuestra biología.

—Por eso —aventuré yo— las películas de terror en las que hay niños resultan doblemente terroríficas: porque la amenaza viene de donde no debe.

—El niño diabólico es lo más terrible que hay. ¿Pero qué tienen los peluches de interesante? ¿Por qué el koala es un animal adorable?

Los dueños del koala, un matrimonio latinoamericano, y la gente que hacía cola para fotografiar a sus hijos empezaron a observarnos con curiosidad. ¿Qué hacían dos señores mayores plantados frente al bicho en animada conversación, uno de ellos tomando nota de lo que decía el otro?

—Me temo que nuestra presencia produce cierta incomodidad —dije.

—Olvídate de la incomodidad de los otros, te pasas la vida pensando en el qué dirán —me reconvino Arsuaga—. Para empezar, el koala tiene formas redondeadas y pelo algodonoso, suave, no erizado, un pelo acariciable. ¿Lo ves?

—Lo veo.

—Es una gran bola. Vamos a analizar los elementos que hacen a los niños adorables y las características que comparten con los peluches. En primer lugar, formas redondeadas. Han de ser como una bola, sin cuello apenas. Y la cabeza es una esfera. No tienen colmillos ni garras.

—El koala tiene garras.

—Pero las tiene escondidas. El lobo feroz, en cambio, tiene colmillos. Fíjate en el rostro del koala: ojos grandes, morro corto y frente abombada. Es lo que caracteriza la cara de un niño. ¿Y cómo andan los niños? Con torpeza, están a punto de caerse todo el rato. La torpeza es fundamental para despertar ternura. Más cosas: brazos cortos y piernas cortas. Si reúnes todos esos elementos y los articulas debidamente, tienes una máquina de producir ternura. Los genes responsables de la producción de esos rasgos están actuando sobre tu conducta. Te manipulan y ni siquiera son tuyos.

—Ni siquiera de mi especie —añadí—, porque un cachorro de perro nos despierta las mismas emociones.

—Exactamente. De eso venimos a hablar hoy, porque el último día estuvimos viendo perros, ¿te acuerdas?

—Sí.

—¿Por qué queremos a los perros y por qué los lobos nos resultan amenazantes y por qué hemos inventado mascotas que tienen rasgos infantiles?

—Ya voy viéndolo.

—Ahora quiero mencionar otra palabra interesante, otro concepto clave, que es el del superestímulo. En toda manipulación, desde la totalitaria a la sexual, pasando por la de la publicidad, se utilizan esos resortes. Los niños ya son bastante ricos de por sí, pero si haces un superniño fabricas un superestímulo. Si exageras sus rasgos, llaman más la atención.

—El superkoala es un koala modificado para que despierte más ternura que el propio koala —aventuré.

—En efecto, es un koala exagerado. Observa la confianza con la que los niños se dejan abrazar por él. Y cómo lo acarician sin temor alguno, pese a su tamaño.

—Llevas razón, pero quizá deberíamos ir a la juguetería, tal vez la cierren pronto —lo urgí, molesto por la curiosidad que despertábamos entre el corro de espectadores.

—Pues eso —dijo Arsuaga ignorando mi sugerencia— aplícalo a todo.

—¿Por ejemplo?

—Una tarta que tenga abundancia de azúcar refinada y bastante grasa.

—Esas bombas calóricas...

—¿Qué son esas tartas? Superestímulos. Nos gustan los frutos azucarados. Estamos programados para comer moras porque tienen glucosa y nos gustan las grasas animales porque nos proporcionan energía. Además de las proteínas, que son los ladrillos con los que se construye el cuerpo, necesitamos energía, y la energía nos la proporcionan los azúcares y las grasas. Para conseguir grasa en las condiciones naturales tienes que cazar un mamut y eso lleva mucho tiempo y mucho esfuerzo. En una tarta tienes, concentrada, toda la grasa del mamut.

—¿Y para conseguir el azúcar que hay en una ración de tarta?

—Para conseguir el azúcar de una ración de tarta te tienes que comer todos los arándanos del Sistema Central. ¿Cómo resistirse entonces al superestímulo de una tarta?

—Con fuerza de voluntad —respondí absurdamente.

—Los superestímulos biológicos —continuó él— son comunes a toda la especie, de modo que, si quieres vender algo, ya sabes la tecla que tienes que tocar. Y ahora sí, vamos a la juguetería antes de que la cierren.

Una vez dentro de la tienda, y tras explicar a la encargada del establecimiento que no éramos dos viejos perversos, sino un paleontólogo y su alumno, nos quedamos asombrados ante una colección de muñecos de látex que imitaban hasta la perfección la textura de la carne de un bebé. Despertaban, además de ternura, instintos caníbales, pues parecían dispuestos para el horno. Le pregunté al paleontólogo si la expresión «está para comérselo», que tanto se utiliza para referirse a los niños, expresaba en el fondo un deseo literal.

—Mi madre cuenta —respondió— que al poco de tener a mi hermano mayor le pusieron cochinillo y dijo: «No puedo comer esto». A lo mejor le recordaba las ganas de comerse al niño, vete tú a saber, pero la verdad es que los bebés están para comérselos.

—Hablando de la cosa caníbal, me viene a la memoria que en casa tuvimos una pareja de hámsteres y ella crio. Y recuerdo que un día me pareció que la madre estaba haciendo algo raro y me acerqué a la jaula. Resulta que se estaba comiendo una de las crías. La había cogido así, entre las patas delanteras, como una ardilla coge una bellota, y había comenzado por la cabeza. Todavía siento escalofríos, no lo olvidaré nunca.

—En mi casa —dijo Arsuaga— fueron los niños, mis hijos.

—¿Los que se comieron al hámster?

—No, hombre, los que vinieron al dormitorio gritando que la madre estaba devorando a las crías.

—¡Qué horror!

—Los genes, son los genes, no es nada personal. En realidad, no se los estaba comiendo, los estaba reciclando. Cuando una hembra de hámster pare dentro de una jaula, siente que está en una situación insegura y lo mejor que puede hacer entonces es reciclar la energía de sus crías porque no está en su ambiente. Esa camada no tendría éxito.

—Ya.

Pero bueno —añadió volviendo a los muñecos de carácter hiperrealista—, aquí vemos las características que hacen a los niños tiernos y amorosos. Lo mismo que decíamos del koala: cabeza enorme, desproporcionada, ojos grandes, mofletes, formas redondeadas, la frente abombada, la nariz chata, casi un pellizco, apenas sobresale del rostro. ¿Te imaginas un bebé con la nariz aguileña?

—No.

—Y los labios, los morritos... Además, no tienen dientes o son muy pequeños. Todo muy mullido: la tripita, los muslos... Y la torpeza, insisto. La torpeza emociona mucho. ¿Qué nos está diciendo el bebé con todo eso?

—¿Qué?

—No compito contigo. El bebé es una máquina de supervivencia. Está programado para llegar a adulto. Anota esto: podemos utilizar esos rasgos que acabamos de ver por separado o juntos. Una vez que tienes una lista de rasgos, te dices: voy a amplificarlos todos o solo uno, quizá dos, etcétera. Y hala, a manipular al personal. Vamos a la siguiente sala, que es donde están los peluches.

—Lo curioso —insistí ya frente a la exposición de peluches— es que no solo nos produzcan ternura y afán de protección las crías de nuestra especie, sino también las de los animales. Y a los animales les ocurre lo mismo con nosotros. Está el caso de los niños salvajes, criados por una fiera.

—Ese es el punto. Eso lo tienen todos los mamíferos, todos. Todos utilizan los mismos rasgos infantiles. Por eso vemos a veces en la tele que una leona ha adoptado a una cría huérfana de otra especie. La leona no es zoóloga, no sabe, pero el bebé tiene rasgos que despiertan en ella un instinto de protección. La leona no controla ese instinto. Todos los mamíferos, en ese aspecto, somos iguales.

—Claro —dije—, la cría de una lombriz, en cambio, no nos despierta ningún sentimiento de solidaridad.

—Mira este husky —dijo Arsuaga señalando un cachorro de esta raza de perro—, está diciendo: «Adóptame». Te está manipulando para que lo adoptes.

—¡Es verdad! —exclamé asombrado.

—Si te gusta, te lo regalo.

—¿Qué dices?

—Era una broma, hombre, no te asustes. La mayoría de la gente con perro asegura que ellos no escogieron al animal, sino que fueron escogidos por el perro.

—¿Cómo es eso?

—Tú entras en una tienda de mascotas y todos los perros hacen boberías para seducirte. Todos compiten para caerte bien. Te llevas al que más adentro te ha llegado.

—Así que nos escogen ellos.

—En efecto. Todos estos peluches, si te fijas, tienen una cosa en común. ¿Cuál?

—¿Cuál?

—Su actitud demandante. Todos miran hacia arriba solicitando, más que socorro, cariño. ¿Sí o no?

—Sí. Pero este pájaro —añadí refiriéndome a un cuervo-peluche— no me resulta muy tierno.

—Con los pájaros se hace lo que se puede. Les redondean el pico, por ejemplo. A mí me gusta el pulpo. Mira qué bonito ese de ahí.

—Pero el pulpo es un marciano.

—El pulpo, pese a su morfología y a que sus parientes son las almejas o las ostras, ha desarrollado una serie de rasgos muy parecidos a los nuestros.

—Eso he oído.

—Para empezar, este animal tiene una mente. La mente es aquello de lo que carecen las máquinas. Implica que posees una representación interna de lo que hay fuera. Una réplica. Eso es lo que conocemos del mundo exterior: una réplica que tenemos dentro de la cabeza.

—La cabeza sería un poco como la cueva de Platón: solo percibe un eco de la realidad.

—Es un modo de verlo. Lo cierto es que no hay ninguna máquina que tenga mente. Por eso los ordenadores ganan al ajedrez, pero pierden al parchís.

—Es curioso que el pulpo se parezca tanto a nosotros siendo formalmente tan distintos.

—Eso se llama convergencia adaptativa. Te lo explicaré con detalle en otro momento. Piensa, por ejemplo, en Hernán Cortés y Moctezuma. El conquistador español reconocía todas las instituciones aztecas: tenían sacerdotes, escuelas, libros, iglesias, reyes, soldados, generales... Cortés entiende esa sociedad perfectamente pese a que unos y otros llevaban quince mil años separados.

Los humanos que llegaron a América quince mil años antes que los conquistadores españoles eran cazadores de mamuts y ahora escribían libros, lo mismo que nosotros. ¿Qué quiere decir eso?

—¿Qué?

—Que hay convergencias en lo cultural determinadas por la naturaleza de nuestra mente. Hay caminos que se repiten. Y este, el del pulpo, es un buen ejemplo. Nosotros nos separamos de los moluscos hace millones de años, pero hemos convergido mentalmente con el pulpo, que tiene un ojo que parece que te mira.

—Una mirada humana.

—Casi. Pero ya que ha salido el asunto de las convergencias, te confesaré que hay todo un mundo, el de los Pokémon, en el que estoy a punto de introducirme.

—¿Has dicho que te vas a introducir en el mundo de los Pokémon?

—Sí, porque al parecer son animales fantásticos, quimeras, criaturas formadas, no sé, por un conejo y un gato a la vez, lo que resulta inviable. La evolución tiene una lógica interna, no permite cualquier posibilidad. No puede haber un conejo carnívoro. El conejo-gato no es posible. Tampoco puede haber un carnívoro con cuernos. Cuentan que un día se le apareció el diablo a Cuvier, que es el padre de la paleontología, y le dijo: «Soy el demonio y te voy a comer». Cuvier lo miró de arriba abajo y le respondió: «Tienes cuernos y pezuñas, no puedes ser carnívoro». Y se dio la vuelta en la cama, porque estaba en la cama.

—Un tipo duro, este Cuvier.

—Las convergencias adaptativas existen porque el número de posibilidades es limitado, lo que implica la aparición de coincidencias incluso entre seres, como el pulpo y tú, en apariencia muy alejados.

En esto se acercó la encargada de la juguetería para indicarnos que iban a cerrar.

—¡Qué pena! —dijo Arsuaga—. Nos quedaban por ver decenas de peluches. Pero el pulpo está muy conseguido, ¿no?

La mujer nos miró con desconfianza. No se había creído, evidentemente, que somos un paleontólogo y su alumno. De camino hacia la salida, nos detuvimos frente a una casa de muñecas idéntica a la del escaparate y le pregunté al paleontólogo:

—¿Qué falta ahí?

—No sé, qué falta.

—Un ahorcado bajo el hueco de la escalera.

Me miró.

—¿Tú estás bien? —preguntó.

Diez. Dos patinadores

A finales de mayo había aparecido el libro de Arsuaga titulado *Vida, la gran historia,* que llevaba por subtítulo *Un viaje por el laberinto de la evolución,* y que hube de digerir en dos etapas, como los rumiantes. Primero lo leí con ansiedad, sin entenderlo del todo, y luego lo regurgité y lo remastiqué ablandándolo con mis jugos mentales para no desaprovechar ninguna de sus sustancias nutritivas. Cuando me hallaba en medio del proceso de rumiación, metidos ya en junio, me invitaron a presentarlo en el Espacio Fundación Telefónica. Bueno, más que a presentarlo, a tener una charla pública con el autor. Aunque la idea me inquietaba, no podía negarme, dados los vínculos establecidos a esas alturas con el paleontólogo.

Llegué una hora antes y pedí un gin tonic en el bar del Hotel de las Letras, que quedaba al lado. Entonces me llamó Arsuaga.

—¿Dónde estás? —dijo.

En el Hotel de las Letras, tomándome un gin tonic.

—¿Para qué? —dijo.

—¿Para qué va a ser? —dije yo—, para quitarme el miedo.

El paleontólogo calló unos instantes durante los que pensé que se decidiría a acompañarme, pero se limitó a señalar que me esperaban.

La charla fue bien. Expliqué, para empezar, la estructura del libro, dividido en dos partes, la primera dedicada a la evolución de las especies, y la segunda, a la evolución humana. El alcohol, sin ponerme eufórico, me había proporcionado el punto de energía preciso para dar al encuentro un tono de conversación alejado del registro académico. Arsuaga entró en el juego, de manera que enseguida se creó en la sala —llena hasta los topes— una atmósfera distendida y amable que se reflejaba en las expresiones felices del público. Conversábamos con la facilidad con la que dos patinadores evolucionan sobre el hielo cruzándose y descruzándose, dibujando filigranas retóricas, sin tropezar jamás el uno con el otro. A mí me había sorprendido el modo en que el paleontólogo había logrado compatibilizar el rigor académico con una capacidad divulgativa que ponía el libro al alcance de cualquiera que estuviera dispuesto a hacer el esfuerzo que exige toda lectura verdaderamente provechosa. El volumen te devolvía, multiplicado, el esfuerzo que invertías en él.

Pero había otro asunto que me había cautivado, y era que, por debajo del discurso racional, sometido a las normas de la especulación científica con las que Arsuaga había abordado su escritura, me pareció advertir un escalofrío de carácter existencial que recorría el subsuelo del volumen. Aquel sabio tan seguro de sí dudaba sin embargo. Le pregunté por este asunto, en el que se explayó citando *Del sentimiento trágico de la vida,* de Unamuno.

Mientras hablaba, me di cuenta de que Arsuaga tenía un gran sentido del espectáculo. Dominaba perfectamente la narración oral. Sabía cuándo tenía al público atrapado y cuándo corría el peligro de perderlo. Se hacía querer combinando la precisión intelectual con una suerte de desvalimiento —efectivo o actuado— muy del gusto de los espectadores. Me dio un poco de envidia aquella mezcla de sabiduría y don de gentes.

Terminado el acto, lo dejé firmando ejemplares, sin despedirme de él, pues había frente a su mesa una cola de no menos de cuarenta o cincuenta personas. No nos volveríamos a ver hasta septiembre.

Once. Todos niños

Pasé los meses de julio y agosto en mi casa de Asturias, desde donde puse al paleontólogo varios correos electrónicos a los que respondió con monosílabos. Andaba en algo importante relacionado con alguno de sus yacimientos, o esa impresión me dio. No logré establecer una relación epistolar que atenuara el sentimiento de ruptura provocado por la interrupción veraniega. Lo invité también a visitarme con el reclamo de un centollo, y prometió que lo intentaría, pero no vino.

Lo odié un poco durante aquellos días.

En septiembre, nada más volver a Madrid, quedamos en un restaurante japonés que está al lado de la Gran Vía. Esperaba provocarlo con la visión del pescado crudo para que me hablara de la importancia de lo cocido, pues durante el verano había leído un libro muy interesante sobre la domesticación del fuego y los cambios que la nueva dieta había operado en nuestro aparato digestivo. Quería presumir, en fin, de haber hecho unos deberes que solo yo me había impuesto. Pero Arsuaga se presentó un poco afligido por las burocracias académicas con las que había tropezado en su regreso a la universidad y no cayó en mi trampa de neandertal inocente. Además, estaba a punto de cumplir sesenta y cinco años y de casar a un hijo. Le dije que la madurez siempre llama dos veces y me preguntó si lo estaba llamando viejo.

—En absoluto —me apresuré—. Has adelgazado, por cierto.

—Bueno —dijo él—, he empezado a correr.

Venía de comprar en el Rastro una película analógica para grabar la boda de su hijo porque desconfiaba de la supervivencia de lo digital.

—He descubierto que lo analógico es sexy. La cámara de super-8 es sexy, el celuloide es sexy.

—Ya —concedí.

Al traernos el segundo plato, el paleontólogo lanzó una mirada al restaurante, que estaba lleno, y sonrió de un modo enigmático o irónico, no sé.

—¿Qué pasa? —dije.

—¿Te has dado cuenta de la cantidad de gente que hay aquí y de lo tranquilos que estamos todos?

—¿Por qué íbamos a estar nerviosos?

—Lo que te quiero decir es que somos una especie domesticada.

—¿Y quién es nuestro dueño?

—Primero vamos a ver los signos de la domesticación. ¿Qué tienen que ver entre sí las razas domésticas de perros, de vacas o de ovejas?

—¿Qué?

—Para empezar, una gran sociabilidad: son muy gregarios. Significa que los podemos organizar en rebaños. Los hemos domesticado para eso. No nos interesan los animales solitarios.

—¿No hay granjas de gatos?

—No.

—Pero el gato es doméstico.

—No tanto. Piensa en nosotros. Es como si hubiéramos tenido un antepasado salvaje, pero nos hubiéramos autodomesticado. Fíjate, si no, en la paz que se respira aquí. Si saliéramos a la Gran Vía, la veríamos llena de gente que no se pelea. Tenemos una gran tolerancia, una capacidad enorme de agregarnos, de formar manadas con otros miembros de nuestra especie con los que no guardamos una relación consanguínea ni nos conocemos de nada. Tú no puedes meter juntos a lobos de diferentes manadas en una habitación porque se destrozan. No entraremos de momento en la diferencia entre gregario y social..., bueno, vamos a simplificar: la domesticación de la especie humana ha partido de especies sociales.

—¿No se ha logrado nunca convertir en sociales a especies que no lo eran?

—Nunca.

—¿Cuáles son los rasgos principales de una especie doméstica?

—La mansedumbre, la docilidad, la pérdida de la agresividad.

—¿Y cómo se consiguen?

—Con la infantilización. Como te dije hace poco, los perros no llegan nunca a adultos, siempre son niños. Si fueran adultos, no podrían convivir entre ellos y le disputarían continuamente el puesto al amo.

—Algunos lo intentan —objeté.

—Y se les castiga. Cuando insisten, se les sacrifica. Así es como hemos conseguido convertir al lobo en un animal de compañía: seleccionando para la reproducción a los más dóciles. ¿Recuerdas es qué consistía domesticar?

—En controlar la reproducción.

—Eso es en esencia. Domesticas cuando decides quién se reproduce y quién no. ¿Con qué criterio? Con el criterio de que el animal domesticado te sea útil: que te dé leche o lana, que te haga compañía, que tire del carro o que te defienda la casa. Lo que tú decidas. Cada raza doméstica lleva a cabo una función práctica. Pero todas han de tener una característica común: la docilidad. Los elefantes, por ejemplo, han de ser dóciles porque son muy fuertes. Para conseguir eso, es preciso que vivan juntos, en rebaños.

Mientras hablaba, Arsuaga destrozaba el arroz del sushi con la punta de los palillos. No le gustaba, pero no se quejó, no dijo nada. Se limitaba a apartarlo. Es dócil, pensé.

—¿Y lo que decías de la infantilización sirve también para los seres humanos? —pregunté antes de llevarme a la boca un rollito de anguila ahumada—. ¿Jamás llegamos a adultos?

—En efecto, los seres humanos jugamos durante toda la vida y jamás llegamos a adultos. Observa las pasiones que, por poner un ejemplo, despierta el fútbol.

—A mí no me gusta el fútbol.

—Lo que te guste a ti da igual. Somos la especie doméstica de algo.

—¿Y en qué consistiría para un ser humano llegar a adulto?

—Para un perro, llegar a adulto consistiría en convertirse en lobo.

—Vale. ¿Y para un ser humano? —insistí.

—En neandertal, convertirse en neandertal —dijo y se hizo un silencio atroz entre nosotros.

En neandertal, me dije. Lo que soy yo. ¿Soy un tipo sin domesticar entre seres domados? ¿Será Arsuaga un neandertal clandestino, un neandertal que finge vivir adaptado a las reglas del sapiens?

El paleontólogo había advertido el desorden causado por su afirmación y matizó:

—Bueno, ahora veremos eso. He dicho lo que he dicho para entendernos.

—Lo que has dicho es que para llegar a adultos tendríamos que convertirnos en la especie que no sobrevivió.

—En parte sí. Nosotros somos la especie domesticada del neandertal.

—¿El neandertal era indomesticable?

—No, se domesticó. Somos nosotros. Tú y yo. Pero ten paciencia, ya llegaremos. De momento, resulta que somos infantiles en todo. Físicamente infantiles. Nuestro cerebro es más pequeño: se ha reducido a lo largo de la evolución.

—¿Y esa reducción ha implicado pérdida de capacidades?

—Se nos ha reducido como a los animales domésticos. Una vaca tiene un cerebro más pequeño que un uro. Un perro tiene un cerebro más pequeño que un lobo.

—Y nosotros tenemos un cerebro más pequeño que...

—El hombre de Cromañón, el de Altamira, que el homo de hace veinte mil años.

—Pero desde el punto de vista cognitivo somos superiores.

—No lo creo. Fíjate en los bisontes que pintaba el de Altamira.

—Vamos a ver —intentaba aclararme—, lo que nos hizo humanos fue el aumento del tamaño del cerebro, ¿sí o no?

—Sí.

—Pero su posterior reducción no nos ha deshumanizado.

—Al contrario, ha producido el humano actual. Lo que tú entiendes por ser humano es un ser dócil, manso. Un salvaje, un tipo agresivo, no es para ti un ser humano como es debido. Recuerda las palabras de Jesucristo: si no os hacéis mansos de corazón, si no os hacéis como niños, no entraréis en el reino de los cielos. Es, literalmente, lo que hemos hecho.

—Pero no hemos entrado en el reino de los cielos —replico.

—¿Acaso esto no es el reino de los cielos? —dijo con un gesto de la mano que abarca todo el establecimiento.

—Bueno —concedí—, estamos en un buen restaurante japonés, dando cuenta de un sushi insuperable, rodeados, es cierto, de personas que no nos agreden, que no intentan quitarnos nuestra comida, mantenemos una conversación agradable... Quizá sí sea el reino de los cielos.

—¿Qué más se puede tener? —insistió Arsuaga con una sonrisa irónica—. ¿Preferirías estar rodeado de un coro de ángeles? ¿Tienes interés en formar parte de un coro de ángeles?

—Prefiero esto —dije señalando el cangrejo de concha blanda y crujiente.

—Es que esto es lo máximo que hay —reiteró, cáustico, el paleontólogo—. Hemos llegado a lo más alto.

—Así que somos como niños gracias a la reducción del cerebro —dije yo.

—Konrad Lorenz decía que el ser humano mantiene la curiosidad y la capacidad de juego durante toda su vida. Si no te gusta el ejemplo del fútbol, piensa en algunos programas de televisión, terriblemente infantiles, cuya audiencia mayoritaria es gente mayor. Lorenz decía que un león adulto es una persona muy seria, un león adulto no está para hostias. Y un gorila adulto es lo más serio que hay. Yo he estado en Ruanda, viendo gorilas viejos, y te aseguro que no juegan nada, no se ríen de nada. No hay nada más serio que un gorila mayor.

—¿Es indomesticable?

—Absolutamente. ¿Sabes lo que es la neotenia?

—Ni idea.

—La capacidad para conservarse joven en el organismo adulto. *Forever young.* ¿De quién era aquella canción?

—De Dylan, creo. ¿Qué otras consecuencias implican la reducción del cerebro y la domesticación?

—La pérdida de agudeza sensorial. El lobo huele mejor y oye mejor que el chucho. Cuando se domestica una especie salvaje como el lobo, empiezan a aparecer caracteres raros y mucha variabilidad: se les caen las orejas, aparecen las manchas de colores. Por el contrario, cuando una especie doméstica se asilvestra, vuelve al estado original. Si al perro asilvestrado le dieras tiempo, regresaría a la condición de lobo porque la selección iría eligiendo a los más agresivos. En esas condiciones, sobrevive el más duro. Por lo tanto, si nosotros nos asilvestráramos...

—Volveríamos al neandertal —completé.

—Bueno, vamos a ver si eso existe.

—¿Si existe qué?

—Algo parecido a lo nuestro. Mira, hay un ejemplo muy bonito que son los bonobos, la especie gemela del chimpancé. Están separados por el río Congo. Los chimpancés son muy agresivos y tienen una jerarquía masculina muy lineal. Los machos dominan sobre las hembras de forma que, para entendernos, el último de los machos está por encima de la primera de las hembras. Son muy agresivos, muy violentos. Muy territoriales. Sin embargo, entre los bonobos no dominan los machos, sino las hembras. Y resuelven todos sus problemas con el sexo. Son la versión hippy del chimpancé.

—¿Cómo han logrado eso?

—Muy sencillo: entre los bonobos las hembras crean coaliciones. El macho más débil de los bonobos es más fuerte que la hembra más fuerte. Pero el macho más fuerte es más débil que una coalición de hembras. ¿Me sigues?

—Sí.

—Pero tiene que haber un agente que selecciona. Los machos de los bonobos, aunque fuertes, son pacíficos porque han sido seleccionados. ¿Quién ha ejercido esa selección?

—¿Las hembras?

—Las hembras, que a lo largo del tiempo han ido deshaciéndose de los agresivos.

—¿Cómo?

—Matándolos, claro. Impidiéndoles reproducirse. También expulsándolos del grupo, que viene a ser lo mismo. Como decía Lorenz, un chimpancé solitario no es un chimpancé. O es social o no es un chimpancé. Y, desde luego, un ser humano aislado no es un ser humano, es otra cosa. Un ser humano solo existe en sociedad.

—¿Recuerdas aquel poema de José Agustín Goytisolo cantado por Paco Ibáñez?: «Un hombre solo, una mujer, así tomados de uno en uno, son como polvo, no son nada, no son nada».

—Exactamente, lo puedes escribir tal cual.

—Gracias.

—Ahora estoy preparando el discurso para la boda de mi hijo, que es una boda gay, porque hago de maestro de ceremonias. Y me ha servido para leer cosas sobre el amor. En esta boda nuestros hijos nos han hecho mejores a nosotros, sus padres, han ampliado nuestros horizontes, nuestra tolerancia, nos han hecho crecer. Vemos el mundo desde un agujero más grande. Resulta que se casan el 28 y que el 29 es el veranillo de San Miguel, el día de los tres arcángeles.

—El veranillo del membrillo —apunté.

—Se le llama así porque en esta época madura el membrillo, que era en tiempos una fruta dedicada a Afrodita, Venus para los romanos. Entonces los que se casaban iban al templo de Afrodita y les regalaban un membrillo antes de entrar en la cámara nupcial. El membrillo garantizaba el amor y la fecundidad. Fíjate si dispongo de temas para el discurso. He leído cosas sorprendentes. Una que me llama la atención es la relación entre los padres y los hijos y cómo los hijos cambian a los padres para mejorarlos. Los padres educan a los hijos, pero luego son educados por ellos. No sé quién decía que los hijos, realmente, dan a luz a los padres.

—¿Los hijos nos dan a luz?

—Sí, está muy bien. Y he encontrado también una cita de un poeta inglés contemporáneo, no recuerdo su nombre, según la cual la gente dice: «Te amaré siempre». Y añade que eso de amar siempre es muy fácil. ¿Qué tal prometer que te amaré el martes próximo a las cuatro y media de la tarde?

—Eso es complicado —suscribí.

—Complicado, sí. ¿Pero a qué coño venía todo esto?

—A que somos la especie domesticada del neandertal.

—Ah, ya. Los bonobos. Separados de los chimpancés, de quienes son una especie gemela, por un río, tienen una biología completamente distinta. Una biología social, no cultural.

—¿A qué te refieres?

—Que está en sus genes, en su programación genética. No es que el macho del bonobo esté acojonado o dominado o reprimido, es que es de naturaleza pacífica y tolerante porque han sido seleccionados los individuos más pacíficos y tolerantes. ¿Por quién? Por las hembras. Un primatólogo muy conocido, Richard Wrangham, dice que nosotros somos el bonobo del neandertal.

—Pues seremos domésticos, pero cabrones —señalé recordando unas declaraciones recientes de Donald Trump.

—Una cosa no quita la otra. Termino: tenemos todos los rasgos infantiles de las especies domésticas: esa frente elevada, esa ausencia de prognatismo, somos neoténicos, somos peluches. Al neandertal, el sapiens debió de parecerle un peluche. Eso se cuenta muy bien en una novela que edité yo, *La danza del tigre,* de Björn Kurtén. Te la recomiendo.

—La leí, pero yo siempre he pensado que el cabrón era el sapiens. Que el neandertal follaba con el sapiens por amor mientras que el sapiens follaba con el neandertal por el interés.

—No te equivoques: el cabrón, el agresivo, era el neandertal. Y nosotros les parecíamos infantiles. La neotenia consiste en que te pareces a tus ancestros sin haber perdido los rasgos infantiles de ellos. El sapiens se parecía al hijo del neandertal.

—El sapiens actuó entonces como caballo de Troya. Entró en la casa del neandertal con su aspecto inocente, pero, al final, ¿quién sobrevivió?

—Míralo como quieras. La pregunta es: ¿quién es el responsable de la domesticación?

—En el caso de los bonobos, ya lo sabemos: las hembras.

—Ahora tendríamos que averiguar quién ha seleccionado a los humanos.

—Lo que equivaldría a responder quién es nuestro dueño.

—No, no.

—Siempre que llego por mí mismo a una conclusión, dices que no —me quejé.

—Es que te lo tomas todo de una forma muy literal. Estás siempre en tensión. Relájate.

—Me gusta, de vez en cuando, alcanzar conclusiones por mí mismo —dije—. Habíamos quedado en que la domesticación consiste básicamente en el control de la reproducción. ¿Sí o no?

—Sí —admitió hurgando con los palillos entre los restos de una bola de arroz completamente deshecha.

—¿Quién controla la reproducción? —pregunté.

—¿Quién crees tú?

—El mercado, luego el mercado es nuestro dueño —concluyo.

—No —negó el paleontólogo apuntándome con los palillos.

—¿Por qué los jóvenes no pueden tener hijos? —insistí—. Por los salarios bajos, por el trabajo precario, por el precio de la vivienda...

—No lo tengo tan claro.

—Pues yo es lo que veo.

—Los suecos no tienen esos problemas y tampoco tienen niños.

—El capitalismo es malo en general para tener hijos.

—Sospecho que es más complejo —murmuró reflexivamente Arsuaga—. Creo que lo que dices es verdad, pero no es toda la verdad. A mí me parece que si la gente pudiera tener todos los hijos que quisiera, la media española, en lugar de ser de 1,2, a lo mejor sería de 1,6.

—Bueno, por lo menos admites que la falta de trabajo, los salarios bajos, la vivienda, etcétera, son una parte de la verdad. ¿Cuál sería la otra parte?

—No es un tema... Es que necesitaría números para opinar. Y darle muchas vueltas. No me gusta opinar sin conocimiento. Ortega decía que la natalidad refleja el estado de ánimo de una sociedad.

—Claro, el pesimismo frente a la falta de horizonte no induce a tener hijos y ahora los jóvenes están muy pesimistas respecto a su futuro.

—Cuando tuve a mi primer hijo, el que se casa ahora, yo podría ganar el equivalente a ochocientos euros.

—Pero había una cosa que estaba inscrita en nuestra cabeza: que nosotros estaríamos mejor que nuestros padres.

—Puede ser, pero tampoco los ricos tienen hijos. Yo dudo mucho que incentivando la natalidad al máximo lográramos llegar al 2, que es la tasa de reposición. Debe de haber más variables.

Tras tomar un helado de jengibre y un café, salimos a la calle, que estaba animadísima.

—No me has dicho aún —le reproché mientras nos dirigíamos a la Puerta del Sol— quién es nuestro dueño.

—No hay dueño porque no nos han domesticado. Nos hemos autodomesticado. El peligro es que alguien se aproveche de esa docilidad, porque si nos hemos hecho como niños y mansos de corazón, pues puede venir un hijoputa...

—Nos hemos hecho como niños —ironicé yo—, unos niños que, por vía del conocimiento, han descubierto la penicilina y han inventado los aviones, y han viajado a la Luna y han creado internet...

—Es que los niños saben un huevo —replicó él—. Un niño de once años ya tiene el mismo cerebro que un adulto. Si tú no eres un gran matemático a los once años, no lo serás nunca. Los grandes jugadores de ajedrez son cada vez más jóvenes.

—¿La domesticación no implica entonces pérdidas cognitivas?

—Un niño de once años hace integrales. Lo que nos falta es inteligencia social.

Ya en Sol, ocupada por la muchedumbre, el paleontólogo se detuvo y dijo:

—Mira cuánta gente mansa junta.

Observé el panorama y tuve que reconocer que llevaba razón.

—La domesticación no está planificada —añadió—. Es un circuito. En biología todo funciona a base de circuitos que se retroalimentan. No debes pensar en la evolución como en una flecha, sino como en una rueda. La rueda gira sobre sí misma, pero al mismo tiempo avanza. Cada vez somos más mansos. Como somos más mansos, seleccionamos para la reproducción a los que son más mansos todavía. Como seleccionamos para la reproducción a los que son más mansos todavía, cada vez somos más mansos, y así sucesivamente.

Tras abandonar Sol por Esparteros, nos dirigimos hacia la Plaza Mayor y enseguida nos encontramos frente al Ministerio de Asuntos Exteriores.

—Te he traído aquí —dijo Arsuaga deteniéndose frente a la fachada del edificio— porque este palacio, que se construyó en la época de Felipe IV, era una cárcel en la que estuvieron muchos presos célebres, el general Riego, entre ellos. Desde aquí fue directamente a la plaza de la Cebada, donde estaba el patíbulo. Lo ahorcaron. También estuvo Luis Candelas, el célebre bandolero, asimismo ejecutado, aunque él no había matado a nadie. Esto era la cárcel. ¿Qué es lo que te quiero decir?

—¿Qué?

—Que la selección, en la especie humana, se ha ejercido por medio de la pena capital. En otras palabras, en nuestra especie no lo han hecho las hembras, como entre los bonobos, porque no han existido coaliciones de hembras. En nuestro caso, la comunidad se ha quitado de en medio a los individuos agresivos encerrándolos o ejecutándolos para evitar que se reprodujeran. Los muertos no se reproducen. Llevamos miles de años ejecutando a individuos que no eran prosociales. La autodomesticación de la especie humana, según Wrangham, el primatólogo del que te hablé antes, la habría llevado a cabo la totalidad de la especie. Fin de la historia.

—Sigue habiendo en la idea de la autodomesticación algo que se me escapa —le dije.

—¿Qué?

—Nuestro gregarismo extremo constituye un problema para la discrepancia. ¿Sí o no?

—Sí.

—Sin embargo, la sociedad progresa gracias a los discrepantes. El discrepante, por una parte, es un peligro, pero por otra es absolutamente necesario para avanzar. Piensa en Galileo, por ejemplo.

—Lo más difícil en una sociedad humana —señaló Arsuaga— es llevar la contraria.

—Pero si no hay alguien que lleve la contraria, nos quedamos siempre en el mismo sitio.

—Pues sí, pero es jodido. El discrepante paga un precio. Galileo lo pagó. La disidencia tiene un precio. El instinto gregario es muy fuerte en la especie humana, Juanjo. Eso se aprecia muy bien en los niños, en los que todavía hay más biología que cultura. Todos quieren llevar las zapatillas deportivas de la misma marca. Temen la exclusión del grupo más que los adultos. ¿Cómo hemos llegado a este nivel de gregarismo?

—Seleccionando a los más gregarios —me rendí.

—Ahí lo tienes.

Doce. Confianza en la paternidad

Aquel jueves de noviembre me desperté eufórico. El día, en cambio, amaneció torcido. Cayó desde primeras horas una lluvia sucia y levísima, como de harina gris, que difuminaba el contorno de las personas y de los edificios. Fuí hasta la esquina a por el periódico y volví con la ropa empapada y el ánimo por los suelos. Me crucé con un par de autobuses que parecían trasladar cadáveres con los ojos abiertos. Luego fui a la oficina de Correos del barrio a enviar una carta certificada y la empleada que me atendió tenía los párpados hinchados, como si acabara de llorar. Ya que no podía administrarle un antidepresivo al jueves, me tomé yo una cucharada de un antitusígeno con codeína que guardo como oro en paño en la mesilla de noche. Aquel Madrid triste, me dije, no lograría contagiarme su aflicción. Los opiáceos legales están para lo que están.

El paleontólogo me había citado en la boca del metro de La Latina, pero se pasó de parada y llegó tarde, además de griposo. La idea era dar una vuelta por Lavapiés y almorzar en un restaurante indio.

—¿Por qué Lavapiés? —le pregunté.

—Porque es un barrio multiétnico —dijo— y quiero mostrarte la riqueza de la especie humana.

Pero la única etnia que recorría las calles era la que representábamos nosotros, dos varones caucásicos, creo, de cierta edad, uno de ellos —el que suscribe— con un paraguas plegable absurdamente abierto, pues no llovía de arriba abajo, que es lo suyo, sino que el agua nos envolvía en forma de vapor, un vapor gélido.

—Cuando veas una farmacia —dijo Arsuaga—, avísame, que el sábado tengo que estar bien para correr en el Cross Internacional de Atapuerca.

—¿Tenéis un Cross Internacional en Atapuerca?

—¿Qué te creías? Es famoso. Vienen corredores de todas partes.

—El sábado estarás bien —lo animé.

—¿Por qué?

—Porque no es más que un resfriado, hombre.

Continuamos bajando por una calle vacía, lo que llenaba al sabio de frustración y furia.

—Esto, por lo general, es un hervidero —se quejó.

Finalmente, como se nos hacía muy tarde para comer, lo que se empezaba a percibir en mi humor, nos metimos en un restaurante indio que estaba vacío, además de oscuro y frío, y dijimos al camarero que nos trajera lo primero que encontrara en la cocina, pues estábamos a punto de desfallecer. Mientras llegaba la comida, el paleontólogo me dijo que Lourdes, su mujer, se había roto el peroné.

—Yo con esta gripe y ella con el peroné roto, en silla de ruedas, ¿qué te parece?

—Que las desgracias nunca vienen solas. ¿Qué tal fue la boda de tu hijo? ¿Triunfaste con el discurso sobre el amor?

—Ah, sí, la boda muy bien, gracias.

En esto, entraron una pareja de japoneses jóvenes, chico y chica, que tomaron asiento en el otro extremo de la sala.

—¿Sabes por qué los japoneses tienen los ojos rasgados? —preguntó el paleontólogo señalándolos con un movimiento de la cabeza.

—Ni idea —dije.

—Haz un esfuerzo.

Hice un esfuerzo.

—Ni idea —perseveré.

No estaba dispuesto a hablar hasta meterme algo caliente en el cuerpo.

—Pero estarás de acuerdo —insistió Arsuaga— en que solo hay dos posibilidades: una, que sea el resultado de una adaptación ecológica. Dos, que carezca de valor ecológico.

—Todo en esta vida tiene un valor ecológico, ¿no? —dije animado al ver que el camarero se acercaba a la mesa con una bandeja gigantesca repleta de viandas.

Nos habían preparado una especie de picoteo indio con muchos colores y servido en cazuelitas que parecían recién sacadas del fuego. Había pollo tikka masala, empanadillas de carne, arroz basmati, un plato que no supe nombrar, como de verduras fritas entrelazadas al modo de un canasto, gambas al curry y dedos de princesa, todo ello acompañado de ese pan fino y crujiente, tostado sobre plancha de hierro (chapati, creo que se llama), que decidí mojar en una salsa roja y picante, aunque no en exceso. Resucité al primer bocado y me puse eufórico al segundo sorbo de una cerveza pálida y espumosa, también india, en la que, si ponías atención, percibías el sabor del lúpulo. Todo de primera. Aquello se parecía mucho a la felicidad. Se lo dije al paleontólogo:

—¡Qué lujo esto de comer con hambre!, ¿no?

Está muy bien —asintió él—. Pero no te despistes: estábamos en si los ojos rasgados de los japoneses tenían o no tenían un valor ecológico, o sea, si eran el resultado de una adaptación al medio.

—Y yo te había dicho que todo en la vida tiene un valor ecológico.

—Entonces explícame para qué sirven unos ojos rasgados.

Arsuaga, al que el curry había devuelto también a la vida, me miraba con expresión de malicia. «Te he pillado», decía para sus adentros.

—Se te ha ido el catarro —observé.

—Parece que estoy menos congestionado, sí —dijo él con sorpresa.

—Eso es porque estás intentando fastidiarme. Fastidiar te cura. Esta mañana me he tomado una cucharada de jarabe con codeína y la codeína me pone muy sensible. Detecto a alguien que quiere fastidiarme a dos kilómetros.

—Estoy un poco tocapelotas, pero no pierdas el hilo. ¿Para qué puede servir tener los ojos rasgados?

—Bueno, sabemos para qué les sirve a los negros ser negros.

—El color de la piel es uno de los pocos rasgos diferenciales que se pueden explicar desde la adaptación al medio. La melanina protege de los rayos ultravioletas del sol. Pero olvídate por un momento de los seres humanos. ¿Para qué le sirve la cola al pavo real? De esto ya hemos hablado.

—Le sirve para el cortejo. Tómate la mitad de esta empanadilla, está de muerte.

—Ahí lo tienes: la cola del pavo real no es el resultado de una adaptación al medio. Más aún: desde el punto de vista ecológico resulta un desastre, porque estorba.

—Bueno, follan gracias a ella.

—Ahí es precisamente donde quería llegar: a que en los animales encontramos unos rasgos que tienen valor adaptativo, ecológico, es decir, que guardan relación con la supervivencia, y otros que solo tienen que ver con la reproducción.

—Entonces, estos rasgos pueden entrar en conflicto...

—A veces.

—¿Y eso cómo se resuelve?

—La biología está llena de componendas, de equilibrios.

—¿De parches?

—De parches no, de compromisos. De soluciones de compromiso.

—Vale. Entonces hay rasgos que se explican por la selección natural y otros que se explican por la selección sexual.

—Vas pillándolo.

—Y los ojos rasgados de los japoneses serían el resultado de la selección sexual.

—Lo cierto es que no hemos logrado hallarles ningún valor adaptativo.

—¿Repetimos de gambas al curry?

—Yo ya estoy lleno, pero pide si quieres para ti, y deja de interrumpirme, que no hay forma de seguir el hilo.

Me reprimí y puse cara de prestar atención.

—Todos venimos del mismo lugar —continuó—: de África. A partir de ahí se produjo una dispersión que dio origen a los chinos, a los indios, a los australianos, a los europeos... ¿Me sigues?

—Te sigo —dije— y me parece comparable a lo que ocurrió con el indoeuropeo, que dio lugar a lenguas en apariencia tan distintas como el español, el inglés, el polaco..., que en la estructura profunda, sin embargo, son idénticas.

—Es comparable, sí.

—Pero me recuerda también a la historia de los habitantes de Babel, que hablaban el mismo idioma hasta que Dios confundió sus lenguas por intentar construir una torre que llegara hasta el cielo. A partir de ahí, divididos en los diferentes grupos lingüísticos, se dispersaron por la tierra para dar lugar a las diferentes culturas.

—Vale —concedió Arsuaga con gesto de paciencia—, pues en las distintas líneas de la dispersión a la que me refería yo, se fueron seleccionando los rasgos que diferencian a los pueblos que habitan el planeta. Por eso, en la estructura profunda somos iguales, pero en la superficie variamos.

—¿Pero variamos tanto? —dudé.

—Quiero suponer que tú distingues a un señor de Cuenca de un japonés —dijo.

—Claro.

—El que nos ha servido la comida era claramente indio, ¿no?

—Sí.

—Tú y yo descendemos de individuos que, en una época remota, como todo el mundo, tenían la piel oscura. ¿Qué ocurrió con los que no la tenían clara en el grupo cultural del que provenimos nosotros? Que no han llegado a nuestra época. ¿Por qué? Porque se fue seleccionando a los que la tenían clara.

—A veces debo de parecerte idiota, pero no creas que todo esto es tan fácil de entender —dije mojando pan en salsa.

—Por eso, porque no es fácil de entender, te lo explico despacio. Te va a sentar mal esa salsa, está muy especiada.

—Me gustan las salsas especiadas.

—Había un juego de cartas que se llamaba Los Pueblos de la Tierra o algo así, donde aparecía la familia esquimal, la familia judía, la familia gitana, etcétera.

—Sí, yo tuve uno.

—¿Recuerdas a los esquimales junto a su iglú, vestidos con aquellas pieles tan hermosas?

—Sí.

—Pues bien, el traje tiene una parte adaptativa, para protegerse del frío en este caso. Digamos que es funcional. Pero tiene otra parte que guarda relación con el gusto.

—¿Esto lo dice Darwin?

—Esto lo digo yo. Y lo que añado es que lo que sucede con los trajes podría aplicarse a determinados rasgos físicos de las diferentes etnias.

—¿Lo que antiguamente llamábamos razas?

—*Raza* es un término veterinario. Di «etnias» o «pueblos del mundo».

—De acuerdo.

—¿Por qué los rasgos del indio que nos ha servido son diferentes a los nuestros o a los de esa pareja de japoneses?

—¿Por qué?

—Porque a los indios les gustan esos rasgos y los han ido fijando mediante selección sexual.

—¿Los ojos rasgados serían entonces una elección estética?

—Podrían serlo, ya que en apariencia carecen de valor adaptativo. ¿Por qué el urogallo tiene esas plumas? Porque esas plumas les gustan a las hembras de los urogallos. Todos los pueblos de la tierra consideran que los guapos son ellos. Para reproducirse hay que encontrar pareja y para encontrar pareja hay que ser guapo.

—O tener labia.

(Como tú, estuve a punto de añadir.)

—Eso es otra historia. Quédate con esto porque es importante: los caracteres sexuales secundarios, que distinguen a los hombres de las mujeres, tienen que ver con la elección de pareja y han sido seleccionados a lo largo de la evolución, pero carecen de valor adaptativo, no me cansaré de repetírtelo porque es fundamental que entiendas esto. Las tetas de las mujeres no valen para nada en la naturaleza.

—Hombre, sí, sirven para amamantar.

—Las chimpancés también amamantan, pero sus tetas no llaman la atención. Todos los mamíferos tienen tetas.

—¿Te refieres a las tetas sobresalientes?

—Y al culo. A las tetas sobresalientes y al culo, entre otras cosas.

—Ya. Lo vimos en la visita al Museo del Prado.

—Todos aquellos caracteres secundarios que sirven para distinguir a un hombre de una mujer, todos, sin excepción, tienen que ver con la elección de pareja. Han sido seleccionados a la hora de reproducirse. Y poseen una fuerza enorme porque tú puedes distinguir a un hombre de una mujer en todo, hasta en los ojos, aunque lleven el rostro tapado con un velo. ¿Tú no distinguirías a un hombre de una mujer por los pies?

—No soy muy fetichista de los pies.

—Aun así. Yo te pongo aquí encima un pie de hombre y otro de mujer y los distingues.

—Tal vez sí.

—Entonces esa fuerza, la de la selección sexual, debe de ser poderosísima, así que va en serio, muy en serio. Toma nota, apunta: selección sexual. Debido a ella hay chinos, indios, japoneses, australianos.

—¿Pedimos café?

—Prefiero que salgamos a caminar un poco. Además, tengo que encontrar una farmacia.

—Pero si ya casi te has curado.

—Por si acaso. La carrera del sábado es muy importante. Llevo entrenando meses para participar.

En la calle, donde la atmósfera continuaba turbia, el paleontólogo dejó a un lado los caracteres sexuales secundarios para centrarse en los primarios.

—Los primarios son los que se relacionan directamente con la reproducción —dijo—: pene y escroto en el hombre y vulva en la mujer, por lo que se refiere a los externos.

—Ya.

—Hay quien se empeña en decir que los hombres tienen pene, y las mujeres, vagina, como si la vagina fuera el equivalente del pene. Pero la vagina es un órgano interno, no sé a cuento de qué se la asocia con el pene. El equivalente del pene sería el clítoris, que es también un cuerpo cavernoso y eréctil, que aumenta de tamaño ante el estímulo sexual porque sus cavidades se llenan de sangre. ¿Vale?

—Vale. Los hombres, pene y escroto, y las mujeres, vulva. Apuntado.

—O polla y coño, como quieras. Primarios externos.

En esto, el paleontólogo vio a lo lejos, en la acera de enfrente, un establecimiento muy iluminado que le pareció una farmacia. Cuando nos acercamos, resultó ser un sex shop.

—Hombre, mira qué casualidad, si antes empiezo a hablar de pollas y coños...

—Esto es una sincronicidad junguiana —apunté—. Estás hablando de una cosa y se te aparece.

—Vamos a entrar —dijo olvidándose de la farmacia—, para combinar la teoría con la práctica.

Yo dudé al ver a una chica muy joven detrás del mostrador. Me daba vergüenza, pero el paleontólogo me empujaba.

—Está bien —acepté—, digámosle a la dependienta que somos antropólogos.

—¿Y eso?

—No creo que le dé buena impresión ver a dos viejos curioseando entre todos esos aparatos.

El paleontólogo me miró con expresión de lástima y abrió la puerta de cristal.

No fue necesario presentarnos como antropólogos porque la joven, que era culta, reconoció a Arsuaga enseguida.

—Estoy explicándole una cosa a este hombre —dijo señalándome con un poco de pena— y hemos entrado a ver pollas. ¿Tienes pollas?

—¿Realistas o abstractas? —preguntó la chica.

—Realistas, cuanto más realistas, mejor —dijo Arsuaga.

Nos condujo al fondo del establecimiento y sacó de una de las estanterías un pene erecto, con su escroto, que parecía completamente de verdad. El paleontólogo lo sostuvo con satisfacción entre las manos.

—Está muy bien —dijo—, porque incluye los testículos. ¿Tenéis escrotos sueltos?

—Escrotos sueltos, no —apuntó Raquel, que así resultó llamarse la dependienta.

—Bueno, con esto me apaño —se conformó Arsuaga—. Primero, la biología —añadió mirándome—. ¿Vale?

—Vale.

—¿Me puedo quedar a escuchar? —preguntó Raquel.

Tras asentir, el paleontólogo elevó un poco el miembro, para colocarlo frente a nuestros ojos.

—Aquí hay dos cosas —expuso—, el tamaño del pene y el de los testículos. Empecemos por los testículos porque los testículos tienen una relación directa con la biología social. Hay especies monógamas, polígamas, promiscuas y especies solitarias también. El orangután, por ejemplo, es solitario. La biología social está determinada por los genes. No es que el gorila diga: yo quiero ser polígamo, sino que tal es su biología. Entonces, lo que refleja el tamaño de los testículos es lo que llamamos la «competencia espermática». Anota esta expresión, Juanjo, «competencia espermática».

—Anotada.

—Competencia espermática —repitió a su vez Raquel, como para memorizarlo.

—La competencia espermática —continuó Arsuaga— se da en especies en las que los espermatozoides de los diferentes individuos compiten por fecundar un óvulo. Hay en el grupo una hembra que está ovulando. Hay un óvulo disponible, fecundable, digámoslo así. Y hay especies en las que muchos machos compiten por la hembra portadora de ese óvulo.

—En nuestra especie no ocurre eso —apuntó Raquel.

—En nuestra especie no, claro —concedió Arsuaga—. Pongamos una hembra de chimpancé. Una hembra de chimpancé tiene un periodo de celo o de actividad sexual, que técnicamente se llama «estro». Los ingleses lo llaman *hot*, «caliente». Este periodo se da cada cuatro años y dura un mes.

—¡Cada cuatro años, no fastidies! —exclamó Raquel.

—Esa es la vida sexual de una hembra de chimpancé —confirmó Arsuaga con un gesto de impotencia, sin dejar de sostener el pene realista, con su escroto, entre las manos—. Ahora bien, durante ese mes puede copular con diez machos el mismo día.

—¡Bárbaro! ¿Y el resto del tiempo?

—Bueno —aclaró Arsuaga—, calcúlale ocho meses de embarazo durante los que no hay ovulación y tres años de lactancia, durante los que tampoco ovula. Así que, entre unas cosas y otras, cuatro años sin actividad sexual. Hasta aquí se entiende, ¿no?

—Se entiende, pero da un poco de lástima —enfatizó la chica.

Me pareció que yo empezaba a invisibilizarme frente a la curiosidad sin límites de la joven dependienta y la compulsión enseñante del profesor maduro.

—Pero cuando una hembra copula con muchos machos —continuó el paleontólogo dirigiéndose a ella—, los espermatozoides compiten por fecundar ese óvulo. Solo uno lo conseguirá. Piensa que, en una eyaculación normal nuestra, el número de espermatozoides es de varios cientos de millones.

—¿Cuántos cientos? —preguntó Raquel.

—Unos trescientos. Haz cálculos. Diez cópulas al día durante un mes.

—¡Y trescientos millones de espermatozoides en cada cópula! —completó ella admirativamente.

—La competencia espermática —concluyó Arsuaga— es brutal. El macho que produce más espermatozoides tiene más posibilidades de que sus genes pasen a formar parte de la cría. Y de eso se trata, de perpetuar los genes.

—Claro —apunté yo tímidamente, sin lograr llamar la atención del paleontólogo. Ni la de la chica.

—Los espermatozoides de los chimpancés —continuó el sabio—, además de la cabeza y la cola, tienen, en la llamada «parte media», que es donde están las mitocondrias, unos orgánulos que producen energía. Los ingleses lo llaman *the fuel tank,* el depósito de gasolina, y en los espermatozoides de los chimpancés ese depósito es grande. Pero a lo que íbamos es a que el tamaño de los testículos es un buen indicador del grado de competencia espermática de una especie.

—El tamaño es un atractivo, pues, para las hembras —dedujo Raquel.

—No sé si actúa como carácter secundario —dudó Arsuaga—. De momento es primario. Los gorilas, por el contrario, viven en grupos en los que solo hay un macho, el «espalda plateada». Muchas hembras y un macho. Ahí no hay competencia espermática porque cuando una hembra está en celo solo tiene un macho a su disposición. ¿Me sigues?

—Te sigo —dije yo tratando de hacerme notar.

—Entonces, ¿qué tamaño tendrán los testículos del gorila? —preguntó Arsuaga a la joven, como si yo no existiera.

—Pequeños —se adelantó Raquel.

—Pequeños —repetí yo como en un eco.

—O sea, que un gorila, con todo lo grande que es, tiene unos testículos ridículos —remató Arsuaga.

—¡Qué interesante! —exclamó Raquel—. Ahora voy a recepcionar una mercancía, pero vuelvo enseguida. Me voy a quedar todo el rato pegada a vosotros. Si molesto, me lo decís.

—No, no —respondimos al unísono.

—Esta chica —expuso Arsuaga en tono confidencial cuando se alejó— sería una alumna estupenda porque tiene curiosidad. La curiosidad lo es todo, pero no es fácil encontrar gente curiosa ni en la universidad.

—Ya —dije.

—Total —concluyó él blandiendo el pene en la mano derecha como algunos políticos blanden un ejemplar de la Constitución—, un chimpancé es más pequeño que un humano, pero cada uno de sus testículos tiene el tamaño de un huevo de gallina.

—¿Y los nuestros? —pregunté como si no lo supiera por experiencia propia.

—Los nuestros, el de una nuez. Imagínate lo que va de una nuez a un huevo de gallina.

—¿Y el orangután?

—El orangután es muy especial. Vive en soledad, pero cuando una hembra entra en celo acude enseguida para copular. En su caso tampoco se produce la competencia espermática. Es, de los mencionados, el que más pequeños tiene los testículos.

—Entre los humanos —concluí—, cero competencia espermática, claro.

—La hubo en tiempos remotos. Ahora no, porque formamos parejas estables. Hay una expresión que te gustará: «confianza en la paternidad». Apúntala también.

La apunté.

—Entre los chimpancés —continuó Arsuaga— no hay forma de saber quién es el padre, de manera que esa confianza es nula o muy baja. Puede ser cualquiera. En un gorila, en cambio, es muy alta. ¿Cuál dirías tú que es el grado de confianza en la paternidad de la especie humana?

—No debe de ser muy alto desde el momento en el que los hombres se empeñan en que sus hijos lleven su apellido. Dime de qué presumes y te diré de qué careces.

—¿Pero qué confianza tienes tú en que tus hijos sean tus hijos?

—Cien por cien.

—¿Y en España, en general?

—No sé, así, a bote pronto, y por algunas cosas que he leído, calculo que el veinte o el treinta por ciento no deben de ser hijos de sus padres oficiales.

—No, hombre, no, mucho más bajo. Por debajo del diez por ciento. Las cifras que se dan son del dos por ciento. El grado de confianza, en la especie humana, es muy alto, pero no solo aquí: aquí y entre los bosquimanos del Kalahari. En cualquier sociedad humana ves a unos niños con una pareja, por ejemplo, y puedes apostar a que el padre es él. Esa es una de las claves de la sociabilidad humana.

—Ya.

—Pero volvamos a la anatomía —dijo probando la flexibilidad del pene—. Nosotros no tenemos el hueso pénico que se encuentra en muchas especies animales, en los carnívoros, por ejemplo.

—Lo del hueso pénico me da un poco de grima —dije—, pienso que se puede romper.

—Los chimpancés lo tienen, pero es muy pequeño, casi vestigial.

—Nosotros no —insistí para asegurarme.

—Nosotros no porque en algunas líneas se ha perdido.

—¿Y es un hueso flexible?

—No, rígido. Tiene la longitud del pene en estado de deflación.

—Y cuando el pene está en erección, ¿qué ocupa, como el diez por ciento del total?

—Tanto no sé —dijo Arsuaga.

—¿Y no se rompe nunca?

—No, no se rompe. En los osos es considerable. Lo que te iba a decir —añadió mostrándome de nuevo el miembro realista de látex— es que la longitud de nuestro pene viene a ser la misma que la de un chimpancé. En grosor, en cambio, ganamos a todos los primates.

—¿Por qué?

—No lo sabemos.

—¿No tendrá que ver con el ancho de la vagina? —preguntó Raquel, que acababa de volver.

—Posiblemente —concedió Arsuaga—. A veces se dice que es para estimular el clítoris, pero no disponemos de una explicación segura. En cualquier caso, toma también nota de esto, Juanjo: el pene humano es más ancho que el de cualquier otro primate. Mucho más. Hay quien afirma que tiene esta forma para desalojar el esperma de la cópula anterior.

—¿Actuaría como una bomba succionadora? —esa chica era veloz como el rayo.

—Eso es. Pero se trata de una teoría que entra en contradicción con el tamaño de los testículos, porque el tamaño de nuestros testículos indica que no hay competencia espermática. Y si no hay competencia espermática, tampoco tienes interés alguno en desalojar el producto de la eyaculación anterior.

—Ya —logré adelantarme.

—Puede que tenga más que ver con el diámetro de la vagina —continuó Arsuaga—, porque la cabeza del niño es mayor que la de la cría del chimpancé. ¿Alguna duda?

—No —zanjé.

Arsuaga abandonó el pene en la estantería de la que había salido y miró a su alrededor.

—De todo lo que hay aquí, lo único que entiendo es la lencería —dijo—. ¿Y tú?

—Lo mismo —respondí.

—También tenemos vulvas artificiales —dijo Raquel, como si temiera que emprendiéramos la retirada.

—Curiosamente —dijo Arsuaga—, de eso es de lo que veníamos hablando, de penes y de vulvas, cuando hemos visto la tienda.

—Una sincronicidad junguiana —ilustré a Raquel—, que es una...

—Sé lo que es una sincronicidad junguiana —replicó ella un poco molesta.

—Creíamos que era una farmacia —continuó Arsuaga—, por el escaparate y por el tipo de iluminación. Necesito un antigripal porque el sábado corro el Cross Internacional de Atapuerca y estoy algo griposo.

—Es que antes todo lo relacionado con el sexo era como oscuro, ¿verdad? —apuntó la joven.

—Pues sí —dije yo, consciente de que venía de esas oscuridades.

—¡Ya no! —dijo ella—. Ahora todo lo relacionado con el sexo es luminoso, alegre. ¿Queréis ver las vulvas, entonces?

Arsuaga me miró interrogativamente.

—Bueno —concedí para no parecer un estrecho.

Y nos condujo a la zona de la tienda donde se exponían estas topografías corporales. Resultó que eran, en su mayoría, reproducciones exactas de las vulvas de actrices porno muy famosas. Como no conocíamos a las actrices porno cuyos nombres nos enumeraba Raquel, nos parecieron vulvas normales, en el caso de que haya alguna vulva normal.

—¿Y las actrices cobran derechos de autor? —pregunté sosteniendo entre mis manos una de las vulvas, cuyo tacto era el de la piel humana.

—¡Claro! —profirió Raquel como diciendo: qué te pensabas.

De súbito, tuve la percepción de hallarme en una sala de despiece. Todo el atractivo de la tienda, con su iluminación, su decorado, su alegría, su música de fondo, sus metacrilatos, se me vino abajo. Quise irme, huir, pero Raquel y el paleontólogo se habían enzarzado en una curiosa discusión. Según la joven, cuando varias mujeres viven juntas sus reglas se sincronizan, como si estuvieran misteriosamente conectadas.

—Eso es lo que se dice —respondió Arsuaga—, pero es una leyenda, no es real.

—Pues yo lo he experimentado con mi madre y con mis hermanas. Y también con mis compañeras de piso.

—No está claro —insistió Arsuaga—. Se han hecho estudios en cárceles de mujeres que lo desmienten.

Raquel pareció contrariada. Yo tiré un poco del paleontólogo para ver si salíamos, porque empezaba a darme un ataque de claustrofobia. Los clientes que entraban y salían nos miraban raro. Cuando estábamos cerca de la puerta, Arsuaga se detuvo y se dirigió a la joven:

—Una curiosidad, Raquel: en tu experiencia personal y en la de tus amigas, ¿en qué momento del ciclo tenéis la libido más alta?

—Mi libido aumenta antes de la menstruación y a los tres o cuatro días de que se me haya ido la regla.

—Pues eso es un misterio —dijo el paleontólogo fingiendo un gesto de perplejidad—. Biológicamente hablando es un misterio, porque lo lógico sería que el deseo sexual coincidiera con la ovulación. ¿O no?

—Claro —afirmé yo.

—Lo que yo noto a mitad de ciclo —añadió Raquel con expresión soñadora— es que estoy, no sé, como más sensible para captar lo bello, más perceptiva.

En esto, un cliente que había estado curioseando reclamó a la chica. Le dije a Arsuaga que me iba a resultar muy difícil articular la conversación del sex shop con lo que habíamos hablado durante la comida.

—¿Cómo que te va a resultar difícil? —dijo con un gesto que abarcaba cuanto contenía el local—. Hemos hablado de biología y todo esto es biología.

—Todo esto es cultura —sugerí yo.

—No puede ser más biología.

—No puede ser más cultura.

—¿Una vulva o un pene son cultura?

—Si son artificiales, sí.

—Un pene es un pene y una vulva es una vulva —zanjó el profesor.

—Lo que tú digas, pero yo me largo, que tengo que ir al supermercado.

—¿No te apetece que Raquel nos explique para qué sirven algunos de estos juguetitos?

—Volvemos otro día, si quieres. He de hacer la compra.

Nos despedimos de la chica, en fin, que nos animó a que regresáramos cuando nos apeteciera y, al pisar la calle, Arsuaga estornudó.

—Este catarro me va y me viene misteriosamente.

—Te va y te viene porque es psicológico —diagnostiqué.

—Tú crees mucho en la psicología.

—Y tú crees mucho en la biología. Mira, ahí hay una farmacia.

Por fortuna, en esta ocasión, lo que parecía una farmacia era una farmacia.

—Te espero fuera —dije.

Al cabo del rato, como tardara en salir, entré a ver qué pasaba. El farmacéutico, con gesto de paciencia, como si se lo repitiera por tercera o cuarta vez, le decía:

—No se ha inventado nada que cure el catarro. Le puedo dar algo que le alivie el síntoma.

—Está bien —concedió Arsuaga—, deme algo para el síntoma, que el sábado tengo que correr en Burgos.

Salimos del establecimiento con una caja de Frenadol.

—Yo te habría recetado mejor —le dije—, el Frenadol se ha quedado antiguo.

—A lo mejor ni me lo tomo. ¿Vas a coger el metro en La Latina?

—Sí.

—Yo no, pero te acompaño. Abre el paraguas.

Abrí el paraguas, aunque daba la impresión de llover de abajo arriba, por la humedad reinante.

Y eso fue todo.

Trece. Las huellas remotas de sus pies

El paleontólogo propuso que hiciéramos un viaje juntos.

—Ya hemos viajado juntos —me resistí.

—Hemos hecho excursiones aquí y allá, pero nunca hemos dormido fuera de casa —contraatacó—. En los viajes es donde de verdad se conoce a la gente.

—No sé si quiero que me conozcas. Tampoco si quiero conocerte —objeté—. A lo mejor lo estropeamos todo.

—Deberíamos arriesgarnos —dijo él.

Y así fue como el 13 de noviembre, miércoles, preparé la maleta y me planté en el portal de su casa a las nueve de la mañana. El tiempo, igual que en nuestro anterior encuentro, estaba frío y desapacible. Llovía sin ganas, a intervalos, como cuando un niño, agotado por el llanto, no renuncia sin embargo a prolongar su protesta con gemidos intermitentes.

Le avisé por el telefonillo de que había llegado y bajó enseguida. Al observar mi atuendo, se echó a reír.

—¡Parece que vas a la presentación de un libro en el Palace! —exclamó.

—No sé aún dónde vamos, no me lo has dicho —respondí.

Él iba un poco como de Indiana Jones. Siempre va un poco como de Indiana Jones.

—Da igual dónde vayamos, hombre —dijo—. ¿Conoces Decathlon?

—Sé lo que es, pero no he estado nunca.

—Te llevaré un día, para que renueves tu vestuario. ¿Y esa maleta?

—¿Qué le pasa a la maleta? —inquirí ya algo molesto.

—Joder, que es muy grande. Solo vamos a pasar una noche fuera. ¿Qué has metido?

—Cosas —me defendí—, por si acaso.

—Pues a mí me cabe todo en esta mochila.

Entre tanto caminábamos hacia su Nissan, aparcado en las cercanías. Una vez dentro, antes de arrancar, dio un par de golpes en el salpicadero a modo de saludo.

—¿Cuántos kilómetros tiene? —pregunté.

—Ciento veinte mil —dijo—, y está como el primer día.

—¿Cómo se llama este modelo?

—Juke —dijo—. Tiene un frontal muy musculoso. Si lo miras de frente, te recuerda el rostro de un samuray. Es el coche que salvó a la Nissan de la ruina.

—Ya.

—Y el Nissan Patrol —añadió— acabó con la supremacía del Land Rover.

—No tenía ni idea —dije.

Arrancamos y puso rumbo a la carretera de Burgos. En algún momento divisé las cuatro torres situadas en la antigua Ciudad Deportiva del Real Madrid, cuyos últimos pisos se hallaban envueltos en una niebla que se parecía a la melena canosa y desordenada de Arsuaga.

—Edificios con melena —dije sin recibir respuesta.

Por la radio anunciaron que había volcado un camión en la T4. El paleontólogo la apagó y me preguntó si tenía claustrofobia.

—Depende —titubeé.

—En el sitio al que vamos no puedes tenerla.

—¿Y dónde vamos?

—Ya lo verás.

Cuando enfilamos la autopista, sentí un poco de desasosiego por culpa del paisaje de noviembre, tan gris y yerto. La niebla se pegaba a la tierra como un sudario a su cadáver.

—¿Qué piensas? —dijo Arsuaga.

—Siempre, desde pequeño, me he preguntado por qué hay algo.

—¿Quieres decir que por qué hay algo en lugar de nada? —abarcó el paisaje con la mirada.

—Sí.

—Bueno —apuntó en tono didáctico—, hubo un tiempo en el que todo era nada. Pero la nada es muy inestable y en una de sus vacilaciones dio lugar al todo.

Gran respuesta, pensé, que me trajo a la memoria los últimos versos del soneto de José Hierro titulado «Vida»:

No queda nada de lo que fue nada.
(Era ilusión lo que creía todo
y que, en definitiva, era la nada.)

Qué más da que la nada fuera nada
si más nada será, después de todo,
después de tanto todo para nada.

Imaginé, además, que la inestabilidad de la nada era de carácter emocional, como la mía, y eso me reconcilió un poco con el paisaje.

Hola, paisaje, dije mentalmente.

—El paisaje —añadió el paleontólogo como si me leyera las ideas— es un documento. Hay que saber leerlo del mismo modo que hay que saber leer el cuerpo humano.

Hubo unos instantes de silencio amenizados por el ras ras del limpiaparabrisas, que iba y venía. Entonces me preguntó si yo era un tocapelotas. No sabía qué me convenía responder, de modo que moví la mano con ese balanceo que significa consí consá.

—¿Y tú? —pregunté a mi vez.

—El mundo vasco —dijo él— ha producido muchos tocapelotas y yo pertenezco a esa tradición, a la de los tocapelotas vascos.

—Ya. ¿Y hay grados en esto de tocar las pelotas?

—Claro. El tocapelotas perfecto es aquel al que fusilarían todos los bandos porque no se encuentra a gusto en ninguno. Se suele decir que a Galileo lo condenaron por afirmar que la Tierra daba vueltas alrededor del Sol, pero yo creo que a la gente, en general, no la castigan por sus ideas, sino por tocapelotas. A Servet no lo quemaron por defender la circulación de la sangre, sino por tocapelotas.

—¿Tú habrías sobrevivido a la Inquisición?

—No creo, porque yo he tocado las pelotas desde pequeño, primero en casa, luego en el colegio, en la universidad... A Darwin, que no era tocapelotas, le fue muy bien.

—Apaga el limpiaparabrisas, que ahora no llueve.

—Llueve poco, pero llueve. ¿Te molesta el ruido?

—No mucho. Déjalo.

—Galileo —continuó— se llevaba muy mal con los jesuitas, pese a que no había nadie más religioso que él. Decía, fíjate, que el universo era la carta que Dios había escrito a los hombres. De ahí a decir que la ciencia es teología no hay nada. Pero tenía muy mal carácter. Copérnico, que había dicho lo mismo antes que él, se murió en la cama.

De repente, se abrió entre las nubes un boquete por el que se coló en tromba un caudal formidable de luz.

—¡Ha sido mencionar a Dios y mira lo que ha pasado! —exclamé.

—Lo de pertenecer a una tribu que te proteja —dijo el paleontólogo, ajeno al milagro— está muy bien, pero es un rollo.

—Pero todos necesitamos un grupo de pertenencia, ¿no?

—No todos.

En ese instante se cerró el boquete y el paisaje se tornó sombrío de nuevo.

—No te pierdas los colores del otoño —apuntó entonces señalando la vegetación—: los óxidos, los amarillos, los púrpuras, la niebla deshaciéndose en jirones... No puede uno perderse el otoño, menos mal que se me ha ocurrido este viaje. Observa las dehesas...

Observé las dehesas sin lograr caer en el éxtasis místico de Arsuaga.

—No sé si no estaré incubando algo —dije—. Me molesta un poco el oído.

—Eso es porque estamos subiendo un puerto. Traga saliva.

Tragué saliva.

—¿Me oyes mejor ahora? —preguntó.

—Sí, sí.

—El oído humano —aprovechó— es estupendo porque sirve para lo que sirve, pero tiene muchos problemas. El martillo y el yunque formaban, en los reptiles, parte de la articulación de la mandíbula. Más tarde se convirtieron en instrumentos para la escucha. Del diseño de un reptil ha salido un mamífero como tú, ya ves. No es que seas perfecto, pero como chapuza estás muy bien. Estamos hechos de la ropa de segunda mano que desecharon nuestros hermanos mayores. La placenta, por ejemplo, se crea a partir de un huevo. La placenta es genial, pero no le puedes pedir la misma perfección que si hubiera sido hecha *ex novo.*

—En el fondo —dije— seguimos siendo peces.

—Pues sí. De hecho, nuestros pulmones eran los órganos de flotación. Nuestro organismo se ha ido construyendo igual que un libro: corrigiendo, tachando... No somos el resultado de una planificación, de un diseño. La naturaleza, como demostró Darwin, carece de propósito. Sin embargo, es capaz de crear estructuras biológicas con propósito. La naturaleza no busca, pero encuentra.

Un pájaro desorientado se precipitó contra el cristal del parabrisas produciéndonos un estremecimiento. Las varillas del limpiaparabrisas retiraron los restos de sangre y plumas mezclados con el agua de la lluvia.

—Creo que lo hemos matado —dije.

—Sí, pobre —confirmó Arsuaga—, era un mirlo.

Tras unos instantes de mutismo en señal de duelo, le pregunté si hay en la naturaleza un ser cuya percepción de la muerte se aproxime siquiera un poco a la nuestra.

—Los elefantes y los chimpancés se quedan perplejos frente a la muerte —dijo—. No saben qué hacer. En la evolución hay líneas en las que aparece la complejidad social y líneas en las que no. No sería posible una revolución en un hormiguero, por ejemplo.

—¿Sí en una colonia de chimpancés?

—En una colonia de chimpancés hay política, hay alianzas, hay una lucha por el poder que sería impensable en un hormiguero. Las hormigas no tienen estado de ánimo. Son maquinitas. Un chimpancé, un delfín o un elefante, en cambio, son seres sentientes. Tienen sensaciones de hambre o de sed, por ejemplo, y también emociones.

—Las hormigas comen, luego tienen hambre.

—No tienen hambre, tienen termostato. La batería de mi móvil no tiene hambre de electricidad, pero cuando está baja me avisa para que lo conecte.

—¿Los elefantes, los delfines y los chimpancés tienen un yo, entonces?

—No un yo, aunque sí alguna clase de subjetividad que les proporciona la experiencia del hambre, de la sed o del dolor. Nada de eso hay en un artrópodo. Sea lo que sea lo que sientan los artrópodos, no tiene nada que ver con la experiencia de un vertebrado.

—Cuando cortas un bogavante vivo por la mitad y lo pones sobre la plancha caliente para asarlo, ¿no siente dolor? —pregunté.

—¿Tú le has hecho eso a un bogavante?

—Sí, pero con sentimiento de culpa, incluso después de que mi pescadero me informara de que carecían de sistema nervioso central, por lo que no sufrían.

—¡Joder, con tu pescadero! —exclamó Arsuaga—. Pero llevaba razón. Los invertebrados no tienen cerebro.

—¿Qué tienen?

—Ganglios. Tranquilo, no creo que hayan sufrido tus bogavantes a la plancha.

—Pero aun partidos por la mitad continuaban agitando las patas. Daba un poco de grima, la verdad.

—Una reacción mecánica. Puro termostato.

—¿Un bogavante puede comer entonces sin sentir hambre?

—Mira, una ameba reacciona ante un estímulo químico. Un microbio tiene información sobre el mundo exterior y reacciona frente a esa información del mismo modo que un robot cortacésped. ¿No los has visto? Cuando están a punto de quedarse sin batería, vuelven ellos solos a la base y se enchufan. ¿Tienen hambre? No, tienen información. ¿Diríamos que una bacteria tiene experiencias subjetivas? Tampoco. ¿Por qué habría de tenerlas un bogavante o un buey de mar? En cambio, un chimpancé... Un chimpancé está a un paso de conocer la muerte. De momento, se queda desconcertado ante su presencia.

—Me dejas más tranquilo.

—En resumen —concluyó—, que las bacterias se alimentan, claro, pero no tienen la experiencia del hambre.

—¿Y para qué sirve la autoconsciencia, además de para tener la experiencia del hambre y de la muerte?

—¿Para qué le serviría a una vaca?

—No lo sé.

—Yo te lo digo: para nada. Le es útil a un animal social como nosotros, para hacer política. Y no confundas gregario con social. Pero oye, ¡qué bueno esto de viajar entre semana, de escaparse del colegio incluso con esta lluvia!

—¿Adónde vamos?

—Ya lo verás. Disfruta de la sorpresa.

Arsuaga me obligó a reparar en unos hayedos de color cobre que quedaban a nuestra derecha. A continuación, se nos apareció un bosque de robles. El sol y las nubes se alternaban en una especie de duelo, como si alguien, allá arriba, disfrutara encendiendo y apagando la luz. Me entró sueño porque el ronroneo del motor del Nissan Juke me arrullaba y también porque había pasado mala noche pensando en este viaje a ninguna parte.

—Perdona —dije—, voy a dar una cabezada.

—No te apures, conduzco yo.

Tras un tiempo indeterminado, el paleontólogo me despertó:

—No te pierdas esto —dijo con la expresión satisfecha del que hace un regalo.

«Esto» es la Ruta del Cares. La reconocía porque había pasado por aquí hace muchos años, de joven, en un viaje de fin de curso que hice a los Picos de Europa con los compañeros de la universidad. Las aguas del Cares discurren por un estrecho pasadizo, una quebrada, una verdadera garganta que comunica León con Asturias como el esófago comunica la faringe con el estómago. La carretera, muy angosta, discurre paralela al río, que quedaba a nuestra derecha. Cuando alcé la vista a uno y otro lado, no vi más que paredes de roca altísimas e irregulares, con una vegetación escasa, pero intensa allá donde se da. De las grietas de esas altas paredes surgían, a intervalos, manantiales de agua, en ocasiones auténticas cascadas procedentes, supongo, de la lluvia. Calculé que debíamos de llevar tres o cuatro horas de viaje, si no más, que se me habían pasado en un suspiro.

—Conduces muy bien —le dije despejándome.

—Gracias, hombre.

El paleontólogo es, en efecto, un conductor tranquilo, templado. No incurre en brusquedades, no da tirones, no frena ni acelera a golpes, no maltrata las entrañas del Juke, el modelo que salvó de la ruina a la Nissan. El desfiladero, muy sinuoso, le obligaba a jugar con el volante todo el rato. Íbamos haciendo eses, dibujando curvas, trazando líneas tortuosas en lo más hondo de aquella depresión en la que el viaje parecía más mental que físico.

De este modo, y sin abandonar el tajo abierto en la naturaleza por la erosión del Cares, por el que nos deslizábamos perplejos, como un bebé por el canal del parto, llegamos mentalmente, pero también con nuestros cuerpos, a la localidad de Las Arenas, una villa del concejo asturiano de Cabrales, en la base misma de los Picos de Europa. El paleontólogo detuvo el coche en un lugar estratégico y me invitó a bajar para que contempláramos el Naranjo de Bulnes, que se alza como un tótem entre los volúmenes del macizo de los Urrieles, a unos dos mil quinientos metros de altura sobre el nivel del mar (nosotros estábamos a unos ciento cuarenta).

El paleontólogo levitaba ante el panorama.

—No te olvides jamás de este momento —dijo.

—No lo haré —aseguré embobado.

—A Dios se le pueden poner muchos defectos como relojero, como arquitecto, como ingeniero, incluso como biólogo, pues se ha pasado con los coleópteros: hay demasiados escarabajos. Pero como paisajista es la hostia, no me digas que no.

No le dije que no.

—Y ahora —concluyó— vamos a comer, que se te está pasando la hora.

Fuimos a un restaurante de Las Arenas donde nos esperaban Pedro Saura y Raquel Asiaín, dos amigos del paleontólogo, de quienes supe enseguida que trabajaban en una cueva prehistórica de los alrededores. Pedro y Raquel iban vestidos con monos, supongo que de Decathlon, manchados de barro.

—Acabamos de salir de la cueva —se excusaron, observando con aprensión mi indumentaria.

Escuché lo que se decían el uno al otro con el pensamiento: «Parece que va a la presentación de un libro en el Palace».

A lo que el paleontólogo añadió en voz alta:

—Ya hemos quedado en que lo voy a llevar un día a Decathlon.

Nos sirvieron de primer plato una sopa de menudillos. Digo de menudillos porque contenía sustancias trituradas que me trajeron a la memoria las que flotaban en la sopa que, cuando era pequeño, ponían en casa el día de Navidad, y cuya visión me producía náuseas porque mi padre decía que se parecía al «caldo primordial». «En el que apareció la vida», agregaba mirándonos de uno en uno entre la pesadumbre y el asombro.

De ahí veníamos mis hermanos y yo y la humanidad en su conjunto: de una sopa turbia y oscura, con trocitos de víscera de pollo y almendra molida. De una charca.

Pedro Saura, catedrático emérito de Bellas Artes, tenía más o menos mi edad y era el autor, junto con su mujer, Matilde Múzquiz, ya fallecida, de la réplica del techo de Altamira, la Neocueva, situada junto al yacimiento original. Raquel Asiaín, a la que calculé unos treinta, llevaba a cabo, bajo la dirección de Saura, una tesis doctoral sobre el aprovechamiento inteligente del soporte por parte de los artistas paleolíticos. Investigaba, pues, el modo en que se valían de los relieves de la roca para destacar algunas partes de las figuras dibujadas (los cuartos delanteros y la joroba de un bisonte, por ejemplo).

Se estableció de inmediato entre ellos una complicidad de la que me sentí excluido, lo que me permitió apreciar con la debida distancia el gozo que aquel encuentro, a los pies de los Picos de Europa, un miércoles cualquiera de noviembre, provocaba en tres personas con intereses y conocimientos en común. Pedro tenía una risa franca y sonora que relajaba el ambiente. El paleontólogo se puso enseguida en modo irónico y tocapelotas, lo que en él constituye un signo de felicidad. Raquel Asiaín, más discreta, quizá por encontrarse en minoría tanto desde el punto de vista del género (aunque deberíamos decir sexo) como del de la edad, se hallaba, me pareció, a medio camino entre la exclusión y la complicidad.

Durante el segundo plato, también muy calórico (huevos fritos con torreznos), tuve un ataque de relevancia. Los llamo así porque bajo su influencia la realidad se transforma en una pintura flamenca. Ello implica que las personas y los objetos adquieren calidades hiperreales asombrosas. Una copa de vino, por ejemplo, se convierte en LA COPA DE VINO. Un tenedor deviene en EL TENEDOR, y una cuchara, en LA CUCHARA. Durante esos arrebatos, me siento arrancado del mundo de las cosas para ingresar en el mundo platónico de las ideas. Caigo, en fin, en un estado mental desde el que soy capaz de apreciar al mismo tiempo cada cuerpo, aisladamente considerado, pero a la vez incrustado en el conjunto. Lo veo todo, incluidas las concordancias y los vínculos que fluyen entre los componentes de la realidad, sean animados o inanimados.

—Te noto abstraído —dijo Arsuaga en el instante mismo en el que mojaba en el huevo una tira de torrezno frita.

—Es que este torrezno no es un torrezno —respondí—, es EL TORREZNO.

Pedro Saura soltó una de sus carcajadas sintácticas, pues servían para unir pedazos sueltos de la conversación, y me explicó que La Covaciella, que así se llamaba la cueva en la que trabajaban y que visitaríamos tras la comida, era de la misma época que la de Altamira.

—Tiene cuatro bisontes magníficos.

—Ya sabes a lo que hemos venido —terció Arsuaga dirigiéndose a mí—, a ver bisontes de hace catorce mil años.

Asentí desde mi ataque de relevancia y dirigí mi atención a Saura, que en ese instante decía:

—Mi teoría, indemostrable, es que el autor de los bisontes de Altamira entró en la cueva con un propósito concreto: iba a dibujar bisontes también de un tamaño concreto. Cogió unas puntas de sílex, que utilizaría a modo de buriles, y grabó primero sobre la roca el perfil del animal: cuerno, barba, pelaje, todo... El grabado tiene a veces un dedo de anchura. Después cogió un carbón específico, que por cierto no se da en el entorno de Altamira...

—¿Cómo sabéis que no se da allí? —pregunté.

—Porque en los análisis de polen del yacimiento no aparecen rastros de este carbón.

—¿Carbón de pino? —inquirió Arsuaga.

—Sí —dijo Saura—, pino que crecía en los Picos de Europa, lo que quiere decir que este hombre sabía obtener carbones que no se descomponían con fuego reductor. Hay líneas de más de un metro hechas de un solo trazo.

—Hay que tener mucha destreza para eso —apuntó Raquel.

Mientras rebañaba los restos del huevo y de la grasa del torrezno con un trozo de pan hiperreal, viajaba mentalmente, sin esfuerzo alguno, hacia la época de la que hablaban. No es que viera al hombre que entraba en la cueva con un propósito concreto, es que aquel hombre, en cierto modo, era yo.

—¿Qué más? —pregunté.

—Los bisontes de Altamira, al contrario de los que veréis esta tarde, que son negros, tienen partes rojas. Y eso se debe a una casualidad. Resulta que se pintaron sobre unos caballos subyacentes, de unos cuatro mil quinientos años antes, dibujados con óxido de hierro. Al artista le gustó el efecto y completó el rojo.

—¿Y por qué aseguras que son de un autor único?

—Porque todos los bisontes están tratados con el mismo protocolo. Como la roca tiene textura, el carbón quedaba solo en una parte de esa textura, lo que nos proporciona datos objetivos sobre la dirección del trazo. No queda el carbón en los mismos poros cuando haces así, que cuando haces así —añadió moviendo la mano con un carbón imaginario en una dirección y en la contraria.

—¡Claro! —exclamé yo con entusiasmo porque empezaba a ver dentro de mi cabeza cuanto se me explicaba como si mi bóveda craneal fuera una cueva de hace catorce mil años cuyas paredes estuvieran llenas de bisontes.

—La dirección del trazo —continuó Saura— es siempre la misma y coincide con la del pelaje del animal, como si lo acariciara. No hay ningún trazo a contrapelo.

—Eso es muy significativo de un solo dibujante —aclaró Raquel—. Es un rasgo de estilo.

—¿Y por qué habláis todo el rato de un autor? —pregunté—. ¿Acaso no pudo ser una autora?

Hubo un silencio, me pareció que un poco incómodo, que Saura resolvió con una carcajada previa a la siguiente explicación:

—El pintor de Altamira medía entre metro setenta y metro ochenta, una talla muy alta para una mujer de la época. Pintó de rodillas, en algunos casos acostado porque el techo estaba más cerca del suelo que ahora. Hay trazos de metro veinte pintados de una sola vez. Era, pues, una persona alta y con los brazos largos. Era un hombre.

Nos trajeron de postre arroz con leche con una capa de azúcar quemada que era preciso romper con la punta de la cucharilla, como un cristal, para acceder al arroz. Mientras dábamos cuenta de él, Saura dijo que en Asturias había sesenta cuevas pintadas.

—Sin contar las de debajo del agua —añadió Arsuaga.

—Exacto —confirmó Saura—, sin contar las de debajo del agua, porque el mar estaba noventa metros más bajo que ahora. Están inundadas.

Que se encontraran debajo del mar, pensé, no significaba que estuvieran anegadas, quizá no. Podrían formar bolsas resistentes al agua. La idea resultaba tan excitante que daban ganas de detenerse en ella.

—Y las que debe de haber todavía selladas —continuó el paleontólogo—, las densidades de esta zona son únicas.

—La que vamos a ver esta tarde, la de La Covaciella, ¿es una más? —pregunté.

—No, todas son únicas —terció Saura—. Esta se descubrió en 1994. Colocaron una carga explosiva para la ampliación de la carretera y se abrió un agujero que es por el que vamos a colarnos nosotros. En esta cueva no se ha llevado a cabo intervención de ninguna clase. Está exactamente igual que hace catorce mil años.

Tras apurar el café y salir del restaurante, al poco de abandonar Las Arenas por la autonómica AS-114, llegamos a una especie de caseta de obras pegada a la carretera junto a la que dejamos los coches. Antes de entrar, me proveyeron de unos guantes protectores y de una linterna de minero, semejante al ojo de un cíclope, que iluminaba solo el punto al que se dirigían mis ojos, cuya visión periférica, una vez dentro de la oquedad, quedaría reducida a cero. En el interior de la caseta no había nada, excepto una trampilla que daba acceso a la cueva, a la que se descendía verticalmente, como a lo más hondo de uno mismo, por una escalera de hierro muy resbaladiza debido a la humedad reinante. Nos precedieron Pedro Saura y Arsuaga. Yo bajé detrás de Raquel Asiaín, en quien me apoyaría como en un lazarillo. Arriba se quedó el vigilante que nos había acompañado y que cerró la trampilla una vez que hubimos descendido.

Atrapados de súbito en aquella burbuja de oscuridad, movimos la cabeza en una y otra dirección dando lugar a un cruce de sables de luz en medio de una negrura inconcebible y de un silencio inaudito, si el silencio se pudiera oír.

—¿Y ahora qué? —pregunté para ver si era capaz de escuchar mi voz en aquellas profundidades.

—Ahora procura pisar donde pise yo —dijo Raquel—. Apóyate en las manos cuando sea preciso porque el suelo resbala mucho.

Comprendí enseguida que apoyarse en las manos era un eufemismo de caminar prácticamente a cuatro patas, pues el terreno, muy irregular, estaba lleno de entrantes y salientes que impedían una locomoción estándar. Cuando levantaba la vista para distinguir las honduras hacia las que nos dirigíamos, veía fragosidades de carácter orgánico, como las de la faringe de un ogro. Parecía una cueva hecha de carne, tapizada por restos de amígdalas y barro, mucho barro, que se pegaba a mis zapatos de vestir y a mi atuendo de presentaciones de libros en el Palace.

El esófago por el que nos deslizábamos como bolos alimenticios ridículos por las tragaderas de un titán se abría a una especie de sala para acceder a la cual era preciso salvar una rampa casi vertical de un metro y medio o dos de altura. Por fortuna, habían colocado una cuerda de nudos que facilitaba la operación, consistente en cogerse a uno de esos nudos, apoyar el pie en la pared e impulsarse con fuerza hacia arriba hasta conquistar el siguiente nudo.

Alcanzado el objetivo y recuperada la posición vertical, dirigí mi mirada de cíclope a la pared de la izquierda y se me apareció un bisonte hiperreal que llevaba esperándome catorce mil años, toda una vida. El haz de la linterna lo abarcó primero en su conjunto, que me pareció poderosísimo, y luego fue recorriendo su contorno, en el que destacaban accidentes como el del rostro (extrañamente humano), los cuernos (delicadísimos), las barbas, la crin, las patas (tan elegantes), el ojo (muy dinámico)... El sombreado destinado a realzar el tronco era, por su parte, tan eficaz como severo. Resultaba admirable la mezcla de complejidad y sencillez. No habría sabido decir si se trataba de un jabalí sencillamente complejo o complejamente sencillo. Ambas cualidades se trenzaban de un modo diabólico, como en una aleación en la que no es posible aislar sus componentes originales. Me conmovió hasta el tuétano la idea de hallarme a ciento cuarenta siglos del artista, aunque pegado a él desde el punto de vista de la distancia física, pues me encontraba en el mismo espacio desde el que había trabajado, quizá pisando en ese instante las huellas remotas de sus pies.

En esto, Pedro Saura encendió el foco que utilizaban para obtener las fotografías y se manifestó el conjunto, formado por cuatro bisontes, tres de ellos mirando hacia la izquierda y el otro, separado del trío por una grieta, hacia la derecha. La pintura parecía fresca, como si fuera de ayer mismo. Pregunté cómo era posible que conservara aquel vigor.

—La humedad carbonata las líneas y las fija a la pared —dijo Raquel.

Tras unos minutos de contemplación extática, intervino Saura:

—Una de las conclusiones a las que yo he llegado tras visitar más de cien cuevas es que fueran quienes fueran los autores de estas maravillas eran personajes únicos dentro de su comunidad. Hacían a la primera unas cosas impresionantes. Fíjate —añadió admirativamente al tiempo de mostrarme con el índice el perfil de uno de los bisontes—, el dibujo está hecho sobre un grabado previo y el grabado no se puede rectificar. Si te equivocas, el surco queda. Por si fuera poco, la figura está enmarcada por otros surcos paralelos, ¿los ves?, que parecen hechos con una especie de peine.

—Esto no lo hace cualquiera —dijo Arsuaga.

—El que sabía sabía —corroboró Saura—. Eran profesionales.

—Observa —remachó Raquel— cómo el artista ha aprovechado un saliente de la roca para darle volumen al pecho.

—¿Podría ser —pregunté— que la forma de la roca prescribiera el fondo, es decir, que determinara el animal a dibujar?

—Yo creo que no —dijo Saura—, yo creo que ellos tenían una idea muy clara de lo que iban a dibujar. Otra cosa es que aprovecharan el soporte para destacar algunas partes del cuerpo.

—Me pregunto —intervino Arsuaga— si la actividad se reducía a producir el bisonte.

—¿Qué quieres decir? —pregunté.

—Que no se tratara de un arte decorativo, hecho para durar, sino que la ceremonia se redujera al momento en el que se llevaba a cabo el acto. De ahí que no les importara pintar un animal encima de otro, como sucede en Altamira. Una vez pintado, carecería de utilidad, por lo que se le podría superponer otra figura.

—Nunca lo sabremos —declaró Saura.

Allí estábamos, en fin, cuatro individuos del siglo XXI sobre el mismo suelo que habían pisado unos parientes nuestros hacía catorce mil años, extrañamente unidos a ellos por aquella imagen que pugnaba por escapar del lienzo de caliza.

—Imagina el movimiento que adquirirían estas figuras —prosiguió Saura— bajo la luz oscilante de una lámpara de grasa animal, que es lo que utilizaban para alumbrarse.

En cuanto a la apariencia humana del rostro de los bisontes, la respuesta fue que no teníamos ni idea.

—Ignoramos —concluyó Saura— si esos dibujos eran una manifestación del arte por el arte, si se trataba de una actividad propiciatoria relacionada con la caza o si estaban asociados a la fertilidad. Podría ser un poco de todo, pero es magnífico que no seamos capaces de averiguarlo, que permanezca en el misterio.

Cuando abandonamos la cueva, era noche cerrada. De regreso a Las Arenas, para registrarnos en el hotel en el que dormiríamos, los perfiles ondulantes del paisaje formaban grumos de opacidad que se abrían paso en el interior de la oscuridad reinante. He ahí, pensé, una intemperie arcaica.

—Estos —dijo entonces Arsuaga refiriéndose a los artistas de la época— eran top-models: estaban todo el día moviéndose, tenían una alimentación muy variada y un cerebro más grande que el de la especie humana actual. Eran igual de listos que nosotros, si no más. Y ahora viene lo mejor: eran coquetos. Nunca ha habido seres humanos más presumidos. Se pasaban el día pintándose, decorándose, embelleciéndose: colgantes, pulseras, garras, collares, tatuajes, plumas... Para mí, eso refleja un estado de ánimo, porque la gente deprimida se abandona. Se han encontrado en Rusia esqueletos que tenían una cantidad increíble de cuentas de marfil cosidas al traje. El traje no se ha conservado, pero las cuentas sí, y no te creerías las horas, cuando no los meses o años, que se necesitaban para fabricar tales adornos. Dedicaban muchísimo tiempo al aseo personal. Se veían guapos, se sentían guapos, sabían que eran guapos. Y fíjate lo que hacían cuando se ponían a dibujar.

Más tarde, en la cama, al precipitarme con los ojos cerrados al interior de mí mismo, caí en realidad en el interior de La Covaciella y volví a ver las pinturas como en una alucinación que todavía no ha cesado, pues la cueva está ya dentro de mí.

Esa noche nevó.

Al día siguiente, tras desayunar y abrigarnos, fuimos a despedirnos del Naranjo de Bulnes, cuya cima apareció cubierta por un capuchón de plata recién bruñida semejante al de una estilográfica de colección. Vi, en mi fantasía, cómo un coloso la tomaba entre sus manos y la abría para repasar con ella los perfiles de aquel macizo inabarcable.

Dos días más tarde recibí un correo del paleontólogo. Decía: «Nuestra relación ha sobrevivido al viaje, pero no sé si te conozco mejor».

Le respondí que también él seguía siendo un misterio para mí.

En cuanto a mi ropa de presentaciones de libros en el Palace, quedó inservible, pero aún no hemos ido a Decathlon para sustituirla.

Catorce. No tan simple como parece

El paleontólogo me llevó un día al Centro Cultural Palomeras, un colegio de Vallecas en el que trabajaba Mario García, un amigo suyo.

—Tienes amigos en todas partes —le dije.

—¿Y te parece mal?

—¿Acaso ha sonado a reproche?

—Un poco sí.

Era enero, continuaba el frío.

Yo estaba un poco deprimido no por nada, sino porque es mi carácter. La gente deprimida detesta, por envidia, a las personas vitalistas, y el paleontólogo es uno de esos sujetos que siempre están en forma. Puedes verlo cabreado, pero nunca triste. Quizá, calculé, combate la tristeza con el cabreo.

—¿Jamás te desanimas? —le pregunté en cierta ocasión.

—No te creas —dijo—, yo soy muy unamuniano. Tengo un sentido trágico de la existencia.

—Pues no pareces muy desesperado.

Iba conduciendo su Nissan Juke y volvió el rostro hacia mí como diciéndome qué quieres que te diga. Entonces, por un instante, me pareció que era un hombre lleno de pánico. Lleno de pánico a no ser suficientemente bueno en lo suyo, fuera lo que fuera lo suyo. Vi en su pánico un reflejo del mío e intuí por qué habíamos formado aquella rara sociedad. En la radio, Luz Casal cantaba «Tú juegas a quererme, yo juego a que te creas que te quiero...».

«Y no me importa nada.»

Aquel día no me importaba nada. El paleontólogo, en cambio, estaba entusiasmado con la idea de mostrarme un experimento.

—Vamos a ver niños de tres años, te vas a quedar asombrado.

—¿Asombrado de qué?

Las mesas del aula, hexagonales y bajitas, estaban ocupadas cada una por seis niños. Habría unos veinte. El amigo de Arsuaga nos presentó a la profesora (Maribel), con la que charlamos cerca de la puerta sin que los críos nos miraran, pues nuestra entrada no había despertado su interés.

—Se trata de averiguar —nos explicó Arsuaga— a qué edad adquirimos lo que en la psicología evolucionista se llama la «teoría de la mente».

—¿Y eso en qué consiste? —pregunté.

—En que te das cuenta —dijo— de que los demás tienen ideas en la cabeza, igual que tú, y estableces hipótesis respecto de esas ideas. Esto es fundamental porque constituye la base de la manipulación y del engaño. Los animales no pueden mentir porque carecen de una teoría de la mente. ¿De acuerdo?

—Creo que sí —respondí procurando adivinar con mi teoría de la mente lo que el paleontólogo escondía en su cabeza.

—Cuando tienes una teoría de la mente —añadió como si me hubiera leído el pensamiento—, te pasas la vida imaginando lo que piensa el otro. Si no te interesa lo que crees que piensa, intentas meterle una idea distinta.

—¡Qué espanto! —dije.

—La manipulación —continuó— puede ser buena o mala y por lo general se lleva a cabo de manera inconsciente. Pero el hecho de que tú sepas que el otro alberga una idea errónea, o que no te conviene, presupone que has adquirido ya una teoría de la mente.

Los niños seguían a lo suyo mientras el paleontólogo, la profesora y yo conspirábamos a sus espaldas.

—Imagínate —siguió Arsuaga— que yo entro en esta clase con una tarta de chocolate y que en un extremo del aula hay una caja y en el otro extremo otra, las dos vacías. Meto la tarta en la caja del extremo de la derecha y me voy. Al poco de salir, la profesora coge la tarta y la esconde, a la vista de todos, en la caja de la izquierda. Luego entro yo, que vuelvo a buscarla. ¿Dónde creen los niños que la buscaré, en la caja en la que la escondí o en la que la escondió la profesora?

—En la que la escondiste tú —dijo la profesora.

—Y hacia dónde creéis que mirarán, ¿hacia aquella en la que yo creo que está o hacia aquella en la que está realmente?

—Hacia aquella en la que tú crees que está, para no darte pistas —dije yo.

—De ser así —concluyó el paleontólogo—, estos niños ya habrían adquirido una teoría de la mente. Saben que yo tengo, como ellos, una mente y que por lo tanto soy manipulable. Se me puede engañar. En caso contrario, esperarían que la buscara donde la metió la profesora, es decir, donde se encuentra en realidad, y mirarían hacia allí sin advertir que de ese modo me estarían indicando su sitio.

Arsuaga preguntó entonces a Maribel si los alumnos tenían un juguete preferido de entre todos los que veíamos por un lado u otro. La profesora le mostró una nave espacial de casi medio metro.

—Llegó ayer y todos quieren jugar con ella —dijo.

Arsuaga la cogió, le dio unas instrucciones a la profesora y luego llamó la atención de los niños, que se volvieron hacia él recelosos por la posesión del juguete.

El paleontólogo empezó a recorrer el aula con movimientos excesivos de piernas y brazos que recordaban a los de los muñecos malvados de los guiñoles. Luego, ante la mirada perpleja de los críos, escondió la nave en un armario y abandonó el aula con expresión de malicia.

El paleontólogo es un actor.

Maribel se acercó entonces al armario haciendo un gesto de silencio a los críos, tomó el juguete y lo escondió en el rincón más alejado de la clase, tras una librería. Pasados unos segundos, entró de nuevo Arsuaga con expresión de ir a recuperar la nave. Los niños, confirmando que a los tres años han adquirido ya una teoría de la mente, miraron hacia donde el paleontólogo esperaba encontrarla, no hacia donde la había escondido Maribel.

Espectacular.

Espectacular la teoría y la actuación del paleontólogo, que había disfrutado con la escenificación tanto o más que los críos.

—Hasta hace poco —nos explicó Arsuaga a Maribel y a mí— se creía que no adquirían una teoría de la mente hasta los cuatro años, pero estos tienen tres y han intentado engañarme.

Tras el experimento con los párvulos, el paleontólogo pidió que nos llevaran a una clase de cuarto de primaria, donde la edad de los alumnos es de nueve años.

Una vez allí, proyectó sobre la pizarra, de color blanco, uno de los bisontes hiperreales de hace catorce mil años que vimos en La Covaciella, cuando visitamos Las Arenas de Cabrales. Advertí que era el más elegante de los cuatro que vimos, el más complejo y también el más simple, en consecuencia. El paleontólogo explicó el origen de la imagen antes de invitar a los niños a que la reprodujeran en una cuartilla que se les había facilitado.

—En la Prehistoria —les dijo—, unas personas sabían contar historias, otras eran buenas cazadoras, otras eran capaces de hacer el fuego, etcétera. Y las había que pintaban muy bien, como la que pintó este bisonte. Vamos a ver —añadió— si vosotros seríais unos buenos pintores en la Prehistoria. Tenéis cinco minutos.

El profesor había oscurecido un poco el aula para que las líneas del bisonte destacaran con más fuerza sobre el blanco de la pizarra. Desde un rincón de la clase, Arsuaga y yo observábamos la intensidad con la que el alumnado examinaba el modelo para tratar de reproducirlo fielmente en su folio. Había, cerca de mí, una niña que sacaba la punta de la lengua y la desplazaba de un lado a otro de la boca al ritmo con el que movía el lapicero. La concentración del grupo era total. Arsuaga les había dicho que se trataba de un concurso sin premio. O que el premio consistía en hacerlo bien, lo que daba la impresión de espolearlos más que si se les hubiera ofrecido un trofeo de verdad.

Poco a poco fueron entregando los trabajos. El profesor iluminó de nuevo el aula y los repasamos uno a uno.

Eran un desastre.

El paleontólogo sonrió como si acabara de confirmar una hipótesis.

—Aquí hace mucho calor —se quitó un jersey gris, de cuello redondo, bajo el que llevaba una camisa con un estampado de hojas diminutas que destacaban sobre un fondo azul oscuro—. A que te gusta mi camisa —dijo al ver que me fijaba en ella.

—Está muy bien —le confesé.

—Es muy botánica.

A continuación, repetimos el mismo experimento con un ciervo prehistórico de veinte mil años de antigüedad.

—Imaginad de nuevo —expuso el paleontólogo al alumnado— que estamos en la Prehistoria y que formamos parte de una tribu. Vivimos en cuevas cuyas paredes nos gusta decorar y con estos ejercicios vamos a seleccionar a los que mejor dibujan de la tribu.

Mientras los alumnos iban con su mirada de la pizarra a la cuartilla y viceversa, Arsuaga me ilustraba:

—Tradicionalmente se pensaba que el arte rupestre había evolucionado hacia la complejidad, hacia la perfección de carácter realista. Lo llamaban «evolución estilística». Como ves, este ciervo está bastante esquematizado, no se le ven despieces, relieves ni divisiones del cuerpo. Es un contorno solo. No tiene definidos las pezuñas ni los ojos ni las orejas. Mucha gente diría: «Esto lo puede hacer cualquiera, incluso un niño de nueve años». ¿Tú qué crees?

—No sé, es demasiado bueno en su simplicidad.

—En efecto: la simplicidad estilística no implica simplicidad mental. Esta figura parece muy elemental, ¿no? En principio estaría chupado reproducirla.

—En principio sí.

—Pues han pasado los cinco minutos, vamos a recoger los trabajos.

Los recogimos y comprobamos que ninguno había captado el espíritu del original. No había habido un solo niño capaz de reproducir la elegancia del ciervo prehistórico.

Arsuaga todavía insistió con un tercer dibujo, en este caso un oso de la cueva francesa de Chauvet.

—Lo traigo —me dijo— porque parece más fácil aún que los anteriores, aunque yo no sería capaz de hacerlo. Es complejísimo en su sencillez.

—Es fantástico —asentí.

—¡Sorpresa! —exclamó el paleontólogo—. ¿Sabes cuántos años tiene?

—¿Cuántos?

—Treinta y un mil.

—¿Y?

—O está mal datado o la idea de la evolución hacia el realismo es falsa. Con sus treinta y cuatro mil años, tiene la perfección de las pinturas de hace catorce mil.

Cuando recogimos los trabajos, el resultado era idéntico al de los ejercicios anteriores.

El profesor mandó a los niños al recreo, que cogieron con gusto, y nos dejaron solos.

—Esto —dijo entonces Arsuaga— es más prodigioso si piensas que los artistas prehistóricos no utilizaban cuadrícula para captar las proporciones, lo que implica que para alcanzar esta perfección tenían que haber ensayado mucho.

—¿Dónde?

—No lo sabemos, quizá en la arena de la playa o en la orilla de los ríos, con un palo. En algún sitio tenían que practicar porque para pintar un oso como el que acabamos de ver hay que haberlo dibujado muchas veces. No sale a la primera.

—¿Y bien?

—Y bien: constituye un error asociar a un niño con un ser prehistórico.

Nos abrigamos y salimos al patio, donde caía aguanieve. Los críos corrían de un lado a otro detrás de un balón. Arsuaga llamó a uno y le pidió que se pusiera junto a él. Luego me miró.

—Si te fijas —dice—, yo soy prácticamente el doble de alto.

—Sí.

—Pero su cerebro tiene ya el noventa y cinco por ciento del tamaño del mío. Su capacidad matemática es idéntica a la mía. Dentro de un mes sabrá hacer algo de una complejidad asombrosa. Sabrá sumar un medio más un tercio, por ejemplo. ¿Tú sabes?

—No creo.

—¿No te parece un desfase que estos críos tengan el cerebro de un adulto en el cuerpo de un niño? Ese es uno de los misterios de la biología del desarrollo.

—Ya.

Nos fuimos a la cocina a tomar un café con el resto de los profesores, pues parecía que era su hora de asueto. Nos preguntaron qué hacíamos allí y les conté los experimentos que Arsuaga había llevado a cabo con los chavales de tres y nueve años. De paso, les informé del tamaño del cerebro de sus alumnos.

—En el resto de los mamíferos —añadió el paleontólogo—, ese desarrollo es gradual. Crecen el cerebro y el cuerpo al mismo tiempo. En lo que llamamos «el estirón», que coincide con la pubertad y que es una característica de la especie humana, el cerebro ya tiene el tamaño de uno adulto. Se trata de una estrategia de nuestro desarrollo: hay que socializar. Y cuanto más pequeño sea el cuerpo, mejor, porque sale más barato: consume menos calorías. Mantenemos a los niños hasta los once o los doce años muy pequeños, de forma que no participan del juego social y no constituyen una amenaza para los adultos. Pero luego, en dos años, cambian. ¡Y cómo! Los niños pequeños, con frecuencia, no quieren comer o comen mal para desesperación de sus padres. Los adolescentes, si te descuidas, te vacían la nevera. En nuestra especie, duplican en dos años el tamaño del cuerpo. Esto es brutal. Lo increíble es que sobrevivamos a la pubertad. Es una verdadera crisis que algunos autores comparan con la metamorfosis de los insectos. Por eso, desde el punto de vista pedagógico, educar a los niños como si fueran adultos sería tan disparatado como educar a una oruga como si fuera una mariposa. Una oruga no es la miniatura de una mariposa, es otra cosa. Un niño tampoco es un ser humano pequeño, es otra cosa. Ortega, con buen criterio, estaba en contra de que se obligara a los críos a leer el *Quijote,* porque es un libro para adultos. A las madres atribuladas, que se quejan de que su hijo adolescente se porta como un capullo, les digo: «No se preocupe, señora, que del capullo de su hijo saldrá una hermosa mariposa».

De vuelta a casa, ya en el coche, hice un gesto de frío.

—Tienes frío porque no tienes un Timberland —dijo el paleontólogo mostrándome con una sonrisa la marca de su anorak.

Quince. La dieta milagrosa

—He visto la tagarnina cuando iba a la Ciudad Universitaria —dice el paleontólogo con expresión melancólica.

—¿La tagarnina? —digo yo—. Me suena.

—Es un cardo. El único que tiene flores amarillas. En Castilla lo llaman cardillo y lo ponían en esta época del año (finales de febrero) en las ensaladas. Ahora ya no se ve porque era comida de pobres.

Nos encontramos en La Gran Tasca, un restaurante de Madrid situado en la calle de Santa Engracia, muy cerca de la populosa plaza de Cuatro Caminos. Arsuaga dice que telefoneó ayer para encargar la especialidad de la casa: un cocido del que nos acaban de servir la sopa, con la que preparamos el estómago y en la que yo, hambriento, mojo un poco de mi pan. Brindamos con un vino del Bierzo que sabe a regaliz.

—Hablas del cardo ese..., ¿cómo era? —pregunto.

—La tagarnina.

—La tagarnina. Te referías a él con nostalgia.

—Es que es increíble cómo vuelven las cosas. Oí hablar de él por primera vez en 1970, a un profesor de la facultad. Yo soy una *rara avis* porque todo el mundo dice que no aprendió nada en la universidad y yo lo aprendí todo allí.

—Y no te ha ido mal —apunto.

—Por eso digo. Cuanto sé de biología lo aprendí entonces. Luego he desarrollado aquellos estudios, claro, pero en lo fundamental...

En esto, viene la camarera con una gigantesca fuente de barro ovalada que deposita en el centro de la mesa y cuyo contenido observamos durante unos instantes con estupor.

—¡Qué barbaridad! —exclamo ante un espectáculo entre carnoso y vegetal, de carácter realista, que me trae a la memoria sin embargo las imágenes de las pinturas de Arcimboldo.

El paleontólogo sonríe.

—Toma nota —dice—: garbanzos, patata, repollo, morcilla, gallina, carne de vaca, chorizo, hueso con tuétano, panceta, tocinazo y lo que en Madrid llamamos la bola, que es una combinación de carne picada y pan.

—Lleva pimiento también.

—También no —corrige él—. El pimiento es fundamental. Estás ante una comida neolítica, aunque el pimiento vino de América. Un guiso en el que se echaban al puchero vegetales cultivados por el ser humano y porciones de animales domesticados. Este que nos han servido es especial, claro, por abundante y por variado. La alimentación del Paleolítico, en cambio, estaba basada en la caza y en la recolección de los vegetales. Se trataba, pues, de una economía extractiva: tomaban lo que necesitaban de la naturaleza. Ahora bien, ¿quién se come un plato de garbanzos recién arrancados?

—Nadie. Necesitaban el fuego para cocerlos —deduzco yo.

—El fuego lo damos por descontado —corrige el paleontólogo—. Pero para ponerlos al fuego has de tener un recipiente, un contenedor. El puchero, ahora, te parece normal, pero su aparición implica una revolución tecnológico-cultural, no biológica, de enorme trascendencia. La mayoría de los productos que se cultivan en el Neolítico no se pueden comer crudos.

Entre tanto, hemos atacado el cocido según los gustos de cada cual. Yo he revuelto un cucharón de garbanzos con tocino y repollo, para suavizar y proporcionar sabor a la legumbre. El paleontólogo, más minucioso, toma pequeñas raciones de cuanto hay en el barro distribuyéndolas alrededor de su plato de acuerdo con un criterio un poco misterioso. Empieza por la carne y a continuación coloca el chorizo, la gallina, el garbanzo, la panceta, el pimiento…

—¿Te comes las cosas por orden alfabético? —bromeo.

—Me gusta ver todo por separado antes de mezclarlo, para hacerme una idea.

En efecto, tras unos segundos de observación budista, revuelve el conjunto y comienza a comer con la expresión del que disfruta de un pensamiento metafísico.

—Es magnífico —exclama al fin.

—Está muy bueno, sí —convengo yo que, más ansioso, he devorado medio plato y estoy a punto de repetir.

—Todos los nutrientes están en el suelo —dice entonces Arsuaga—. Las plantas se alimentan del suelo, de los minerales del suelo, del agua… Gracias a la energía que proporciona la luz, convierten la materia inorgánica en orgánica.

—La fotosíntesis —apunto recordando una lección del bachillerato.

—La fotosíntesis. Todas las plantas, cultivadas o no, son iguales. Cuando el suelo es fértil, la productividad es alta. Si es poco profundo o pobre…

—Mal asunto —digo rescatando con la punta del cuchillo el tuétano de un hueso como el que toma la mantequilla de un tarro.

—Mal asunto. ¿Qué hacemos en el Neolítico? —continúa—. Modificamos la economía de la naturaleza. Un territorio que producía gran cantidad de plantas, un bosque, con sus diferentes estratos, capaz de alimentar a multitud de especies, es transformado en un terreno que alimenta ahora a una sola.

—A los garbanzos, por ejemplo.

—Por ejemplo.

—Significa —añado, eufórico por la pitanza y el vino— que la naturaleza tiende al policultivo y nosotros, al monocultivo.

—Dilo como quieras —responde Arsuaga—. La cuestión es que de ese modo consigues una enorme rentabilidad para el ser humano, pero solo para el ser humano. La vegetación del bosque daba de comer a una variedad increíble de vertebrados e invertebrados. Pero el cereal y la legumbre solo nos dan de comer a ti y a mí.

—¡Qué desastre! —profiero en tono de lamentación fingida.

—La transformación económica es brutal. Un ecosistema es un sistema económico, lo llamas ecología y queda más fino, pero seguimos hablando de economía. De recursos.

—¿Y bien?

—Y bien, cogemos un bosque, lo talamos y lo convertimos en un campo de cultivo. Donde antes había miles de plantas y de animales, ahora solo hay una planta y un animal. La cantidad de biomasa es la misma, pero esa biomasa solo es comestible para nosotros. Hemos captado todos los recursos de ese bosque.

Arsuaga come despacio porque no deja de hablar, pero le cunde mucho porque selecciona y disecciona mejor. Observándolo, me da pena no haber ido más despacio, pues ya estoy prácticamente lleno. Como contrapartida, tengo las manos libres para tomar notas.

—Pero eso —pregunto— ¿es bueno o malo?

—¿El qué? —dice él abriendo un trozo de morcilla para liberar su riqueza interior.

—Lo de captar todos los recursos de ese bosque.

—Es genial y tiene unos precedentes: los de la economía basada en los pequeños ítems, ¿te acuerdas de los pequeños ítems?

—Sí, los caracoles, los insectos, los bulbos...

—Ahora bien, tú explícale a un cazador que ha de alimentarse de garbanzos. ¿Cuántos tendría que comer para obtener las calorías que le proporciona un ciervo?

—Toneladas.

—Pero los garbanzos tienen la ventaja de que se pueden almacenar, y durante mucho tiempo, como todas las legumbres.

—¿Desventajas?

—Que no se pueden comer sin cocerlas y que para cocerlas, como decíamos, necesitas, además del fuego, un puchero.

—O sea, que tienes que inventar la cerámica —concluyo.

—Eso es. Aparecen los contenedores de barro cocido que sirven también para almacenar. Y con el almacenamiento, surge el concepto de bien.

—El concepto de excedente —especifico.

—Pero el excedente acumulado tiene un dueño y entonces, con los excedentes, aparece la estratificación social, la jerarquía.

—¿Acaso no hay sociedades neolíticas en las que los excedentes pertenezcan a la colectividad?

—Pocas. Los antropólogos distinguen varias etapas en la evolución social. Estaba la banda, un grupo móvil que llevaba una vida semejante a la de los cazadores-recolectores del Paleolítico. Luego apareció el clan, donde la propiedad aún es colectiva, formado por un conjunto de personas emparentadas y que se consideraban descendientes de un personaje mítico. Luego, la tribu, que abarca varias localidades. Más tarde, por encima de la tribu, aparece lo que en inglés se denomina la jefatura y que en español equivaldría al cacicato. El cacique se parece mucho a lo que los romanos, cuando llegaron a la península ibérica, llamaban régulos o reyezuelos.

—¿No te tomas el tuétano? —pregunto por si me lo pudiera comer yo.

—Ahora voy a por él, no me agobies.

De súbito, gracias al cocido, estoy descubriendo que el paleontólogo tiene un costado zen. Hay una parte de él que medita todo el tiempo, incluso cuando habla o come. Esto explica muchas cosas de su carácter —una cierta distancia, una cierta ironía, una cierta piedad— a las que hasta ahora no encontraba explicación. Empiezo a mirarlo de otro modo, un poco como al sabio de aquella serie mítica, *Kung fu.*

Qué raro es todo, pienso.

—El tuétano —continúa él— es la parte paleolítica del cocido. Nos gusta porque su ingestión constituye un aporte calórico brutal. Todo lo demás es neolítico, es decir, pertenece a animales domesticados.

—Pero el tuétano podía proceder también de una vaca domesticada.

—Aun así: el concepto es paleolítico.

—¿Y te lo vas a tomar o no?

—Creo que no. No puedo más, me rindo —y abandona los cubiertos a ambos lados del plato.

—Me lo como yo entonces.

—Vale, pero toma nota de este resumen: la economía no monetaria, la que produce excedentes, conduce a la creación del Estado a través de esa sucesión de instituciones que acabamos de mencionar; clanes, bandas, tribus, cacicato y finalmente reino o república, da igual. Estado, en definitiva.

—Y todo ello porque hemos descubierto que las legumbres y los cereales se pueden cultivar y conservar.

—Hasta ese momento solo había una forma muy interesante de acumular excedentes. A ver, ¿qué harías con las sobras de un elefante que acabas de matar después de que tú y los tuyos os hayáis saciado?

—Lo ahúmo.

—Aún no se ha inventado el ahumado. ¿Qué harías?

—No sé. Lo metería en el banco —bromeo.

—¿Y cuál era el banco en el que se guardaban entonces los elefantes?

—Ni idea.

—Pues muy sencillo: llamabas a otra tribu. Se lo comían y te lo debían.

—El banco era el estómago de los de la tribu vecina.

—Así se conservaban los excedentes en el Paleolítico. Eso implica la aparición de una forma de contabilidad: la tribu de al lado me debe un ciervo.

—No está mal —digo—. ¿Pero es posible que apareciera ya entonces el concepto capitalista de interés y que te tuvieran que devolver un ciervo y medio?

—Eso no lo sé. Lo que sí sé es que guardar en el estómago de otro algo que tú no puedes comerte es una excelente idea.

—No me gusta mucho que el efecto secundario de la invención del excedente sea la aparición de la propiedad privada —digo.

—Y surgen los silos, los graneros, claro —añade Arsuaga.

—Ahí es donde empieza a joderse todo. Es lo que afirma Harari en *Sapiens* y remacha Christopher Ryan en *Civilizados hasta la muerte,* que en el Neolítico empezó el aburguesamiento...

—La verdad es que no vemos en los cadáveres del Neolítico ningún indicador biológico de que hubiera mejorado la calidad de la existencia. Son más pequeños que los cazadores-recolectores, tienen menos cerebro, y están llenos de enfermedades articulares a causa de los trabajos que realizan en la agricultura, en la molienda del grano, en el cuidado del ganado, etcétera. Además, no viven más años que los habitantes del Paleolítico.

—¿Por qué triunfó entonces el Neolítico?

—Porque un territorio cultivado o convertido en pasto para el ganado alimenta a más seres humanos que un ecosistema natural. No vivían mejor, pero podían tener más hijos, por ejemplo, y de forma más continuada. Me has desviado de lo que te iba a decir.

—...

—Ya me acuerdo: quería señalarte un problema de las legumbres, aparte de que las tienes que cocinar para comértelas.

—¿Cuál?

—Que no saben a nada. Estos garbanzos que nos hemos comido son puro almidón, pura fécula. Para darles sabor tienes que combinarlos con el tocino, el chorizo, la morcilla y todo lo demás porque la fécula tiene la capacidad de absorber los lípidos.

La camarera se acerca a preguntarnos si vamos a querer postre y respondemos a la vez con un sí (el de Arsuaga) y con un no (el mío).

—¿Aún tienes hambre? —le señalo que ha quedado más de media fuente sin tocar.

—Es un capricho —dice él.

—Pues traiga dos cucharillas —solicito yo a la camarera— y nos guarda estos garbanzos que han sobrado en un par de táperes.

Cuando la mujer se retira, el paleontólogo, que no da puntada sin hilo, me dice que lo de la leche frita no ha sido una casualidad.

—Nada es casual —añade—. Es una excusa para explicarte que tú y yo no somos normales.

Por un momento pienso que va a confesar que también él es un neandertal clandestino. Pero lo que me dice es que somos mutantes.

—¿Mutantes? —pregunto—. ¿Tú y yo?

—Verás, en todas las especies de mamíferos los bebés se alimentan de la leche de su madre. Pero solo durante una época.

—Ya.

—En la leche materna hay proteínas y grasas, además de un glúcido que se llama lactosa. Para metabolizar la lactosa, hace falta una enzima, una proteína, que se llama lactasa. La lactasa se produce durante la lactancia y desaparece con el destete, con lo cual los mamíferos nos volvemos intolerantes a la lactosa, de modo que si tomas leche de adulto, ocurre una cosa segura y otra probable. La segura es que no la asimiles porque es imposible metabolizarla sin esa enzima. La probable es que te produzca irritación en el aparato digestivo.

—He oído muchas veces esa expresión: «intolerancia a la lactosa».

—No es intolerancia, es normalidad porque lo normal es que un no lactante no pueda metabolizar la leche.

Observo con un poco de prevención el cuenco de leche frita que nos acaban de traer.

—Pero tú y yo sí podemos —digo entre la afirmación y la pregunta.

—Tú y yo sí porque somos mutantes. La cultura ha cambiado nuestra biología. En Centroeuropa apareció una mutación genética gracias a la cual muchos individuos seguían produciendo lactasa toda la vida. Y les fue muy bien, tuvieron muchos hijos porque eran pueblos ganaderos y poseían leche en abundancia.

—Con lo cual tenían aseguradas las proteínas.

—Claro, la leche tiene proteínas, grasa y glucosa, es decir, todo. Es el alimento más completo.

—Yo conozco gente que tiene intolerancia a la lactosa —digo acordándome de una sobrina.

—Es gente normal. No ha mutado. En Centroeuropa y Escandinavia son mutantes el cien por cien. Luego a medida que te alejas de ese epicentro, hacia Turquía y el Mediterráneo, el porcentaje de mutantes baja, pero en España es mayoritario. La mayor parte de la humanidad es intolerante. No hay leche en la cocina china, por ejemplo, tampoco en la americana. En la India, depende de las castas: las que son indoeuropeas...

—De modo que en la producción de la lactasa —interrumpo— interviene un gen.

—Sin embargo, hay pueblos que han alcanzado el mismo resultado con otras mutaciones porque el genoma es un sistema, es decir, en la producción de esa enzima no interviene un solo gen. Los masáis, por ejemplo, están siempre con las vacas, tanto que dicen que Dios les dio las vacas y que son los dueños de todas las vacas del mundo. Bueno, pues ellos también presentan una mutación que les permite beber leche tras el destete, pero se trata de una mutación diferente a la nuestra. Un masái huele a leche. La toman mezclada con sangre que le sacan a la vaca de la yugular con un tubito. Huelen a leche fermentada, como un bebé que está todo el día bebiendo leche y regurgitándola.

Al salir del restaurante, como hace buen día, decidimos dar un paseo antes de meternos en el metro.

—Yo esta noche me tomaré fritos los garbanzos que han sobrado —digo mostrándole mi táper.

—Yo los guardo para mañana, estoy llenísimo. Pero teníamos que haber hablado del cerebro —dice Arsuaga con tono de frustración.

—Es que me paso todo el rato interrumpiéndote.

—Eso es cierto.

—Preferiría que me hablaras un poco del hambre.

—¿Hablar de hambre después del cocido? Estás loco.

—Es que si hablamos del hambre antes del cocido, nos diluimos en los jugos gástricos.

—El hambre —concede el paleontólogo— está en la trastienda de todo. Ha sido el gran problema de la humanidad.

—¿Hay especies que no hayan conocido el hambre?

—No. En el hemisferio norte la mayor parte de los seres vivos mueren de una enfermedad que se llama invierno. La vida va de esto: de conseguir llegar a la primavera como sea, a costa de lo que sea. Y llegan pocos, muy pocos. La primavera es muy generosa y el otoño es rico en frutos. El verano se puede hacer largo si agosto dura más de la cuenta. Pero el otoño está ahí mismo y el otoño es una época muy pródiga. Todo cae del cielo. Las bellotas, por ejemplo, se comen a mansalva en Castilla y en el *Quijote.* Son dulces y además alimentan al cerdo.

—La primavera es una alegría —digo disfrutando de ese sol de finales de febrero que la anuncia. Nos cruzamos con jóvenes que van ya a cuerpo, algunos en camisetas de colores.

—La primavera es buena para los carnívoros porque se comen a los recién nacidos indefensos —continúa Arsuaga—. También hay hierba para los herbívoros.

—Y cuando hay hierba para los herbívoros, hay carne para los carnívoros, ¿no?

—Claro —dice—. Mira, la trashumancia es un buen ejemplo de los cambios que se producen a lo largo del ciclo anual. Los pastos de montaña son buenos para el ganado durante el mes de agosto, de ahí su nombre, agostaderos. Pero poco a poco escasea la hierba y las vacas lo pasan mal hacia finales de verano. El otoño se manifiesta con lluvias y multitud de frutos. ¡Fantástico! Luego llega el invierno y ahí hay que sobrevivir como sea. Los más viejos y los más jóvenes mueren. El invierno es jodido también en función de la cantidad de nieve que caiga, porque la nieve cubre la poca hierba que haya. Anota esto: el invierno es la peor de las enfermedades.

Lo anoto. Después señalo:

—De ahí la importancia de los excedentes.

—Pero en el Paleolítico no había excedentes ni llegaba Telepizza a la cueva. Había que salir para buscarse la vida y te calabas o te helabas.

—En el Paleolítico no había Telepizza, lo apunto también.

—Haz una cuenta muy sencilla —dice él—: pongamos que necesitas tres mil calorías diarias porque eres leñador.

—Yo no sería leñador.

—Pues dos mil quinientas, de las que el cerebro consume el veinte por ciento.

Nos hemos detenido frente a un semáforo. A nuestro lado hay una pareja de ancianos. Ella exclama: «Evaristo, el pobre, no somos nadie».

—El veinte por ciento es mucho con relación a su peso, ¿no? —digo yo.

—Muchísimo. Pésate el cerebro, si puedes, y luego pésate el resto del cuerpo, ya verás.

—Y esa descompensación entre peso y consumo energético ¿tiene que ver con las vueltas que les damos a las cosas? ¿Una persona con ideas obsesivas consume más calorías que una normal?

—No, el cerebro consume lo mismo con independencia de que pienses mucho o poco. Consume glucosa, muchísima. Las neuronas son insaciables tanto si las utilizas como si no. Ahora imagínate que un australopiteco quiere evolucionar a sapiens, para lo que necesita un cerebro más grande. Pero ha de ahorrar de algún sitio para conseguirlo. ¿De dónde crees que lo hará teniendo en cuenta que las calorías son las que son, dos mil quinientas, y que no las regalan?

—¿Tanto cuesta alcanzarlas?

—Ahora no, ahora está chupado. Pero ponte en el Paleolítico. Había que sudar tinta.

—La solución —concluyo— no pasa entonces por aumentar el número de calorías porque no hay de dónde tomarlas.

—En efecto. Pasa por ahorrar en tubo digestivo. Hay como tres capítulos en la economía del cuerpo humano. El primero corresponde a los órganos vitales: hígado, riñones, corazón. Aquí el ahorro no es posible, con eso no se juega. El segundo, al cerebro, pero lo que queremos es darle más, no menos, para que se expanda. ¿Qué queda?

—El tubo digestivo.

—Claro, y eso es lo que hicimos: acortar el tubo digestivo. Tú coges un tubo digestivo de un león, desde el esófago hasta el ano, lo estiras y lo mides. Luego haces lo mismo con el de una cebra y verás que el de la cebra es mucho más largo que el del león porque es herbívora y tiene que metabolizar cantidades ingentes de las hierbas y las fibras de las que se alimenta, de toda la celulosa que se traga. Una cebra necesita un tubo digestivo largo porque su alimento tiene poca calidad calórica. Hay que elegir entre lo abundante y poco calórico y lo escaso y muy calórico. La vida es así.

—¿Y eso es lo que hicimos?

—Eso es lo que hicimos. Cambiar la dieta, que en principio era herbívora, por otra de mayor calidad, acortando en consecuencia el tubo digestivo.

—¿Y ese ahorro se tradujo en un crecimiento del cerebro?

—Correcto. Lo que aumentó a su vez la vida social y dio origen a la aparición de la política.

—¿Y eso fue antes de cocinar al fuego?

—Cuando comenzamos a cocinar con fuego, el cerebro ya había crecido.

—Yo creía que el crecimiento del cerebro fue una consecuencia de comer los alimentos cocidos.

—No, creció cuando comenzamos a comer alimentos energéticos, aunque no fueran cocinados. La carne te la puedes comer cruda, como los leones, cuyo aparato digestivo es corto. El de todos los carnívoros lo es.

—Si yo te digo la longitud de un aparato digestivo, ¿eres capaz de decirme lo que come el animal al que pertenece?

—Sí, dime uno.

—Ahora no se me ocurre.

—Anota esto: los carnívoros no necesitan cocinar. Los lobos no cocinan. Pero es cierto que el alimento cocinado se asimila mejor, eso es un hecho. En esta cuestión hay quienes opinan como yo que el fuego es muy antiguo y que se encuentra en el origen de la expansión cerebral y quienes opinan que el fuego llegó a la alimentación cuando el cerebro ya se había expandido. Eso no le quita importancia. Somos hijos del fuego.

—Y cuando se produjo ese crecimiento del cerebro ¿nos transformamos inmediatamente en sapiens?

—No, éramos homínidos todavía. Presapiens, si quieres. Hablamos de hace trescientos mil años.

—Pero hace trescientos mil años ya había aparecido el pensamiento simbólico.

—Algo —dice el paleontólogo tras detenerse un instante y hacer un gesto de duda, como preguntándose si debe o no debe abordar tal asunto a estas horas de la tarde.

Llegamos a la boca del metro en silencio. Mientras bajamos las escaleras, vuelve al tema del fuego para exponer que gracias a él ablandamos los alimentos y los asimilamos mejor.

—Eso es evidente —añade—. Pero no dejes de anotar que hay un debate entre quienes piensan que el fuego hizo al *Homo sapiens* y quienes afirman que el fuego apareció en el sprint final de la evolución.

—No deja de ser una cuestión de matices —digo yo.

—Pero vivimos en los matices.

—Al final sí hemos hablado del cerebro.

—Claro, ¿qué te creías? Nunca he dejado una clase a medias.

Luego nos separamos porque vamos en direcciones contrarias. Al entrar en mi andén, lo veo en el de enfrente. Nos lanzamos una sonrisa al tiempo de levantar cada uno su táper de garbanzos neolíticos, como si brindáramos con ellos.

Su tren llega antes.

Dieciséis. Pasar a la posteridad

La leyenda de la tumba dice:

«Luisito Meana González. La Habana 31/12/1926 – Madrid 9/1/1936. Tus padres no te olvidan».

—Un crío —observo yo señalando la foto del niño—. Pobre.

—Se libró al menos de la Guerra Civil —señala el paleontólogo.

Vamos de sepultura en sepultura, en busca de un epitafio que podamos hacer nuestro, y en todas aparece alguien que no olvida a alguien.

—Una de las formas más comunes de la inmortalidad consiste en seguir vivo en la memoria de los otros —dice Arsuaga—. De ahí la insistencia en la fórmula del «no te olvidan». Tus padres no te olvidan.

—Pero es una inmortalidad de andar por casa —apunto—, una inmortalidad doméstica. Y realista, por cierto. Nada que ver con la posteridad a la que aspiraban los escritores de otras épocas. Yo creo que hasta muy entrado el siglo XX, la mayoría de los novelistas seguían trabajando para la posteridad, todavía algunos creen en ella.

—¿Por ejemplo?

—No sé —titubeo—, Vargas Llosa quizá. Pero la posteridad está muerta. Ahora vivimos en la post-posteridad. El «no te olvidan» sin embargo sigue vigente porque aspira a lo posible. Con que no te olviden tus padres o tus hijos vas que chutas.

Nos encontramos en el cementerio de la Almudena, en Madrid, adonde Arsuaga me ha traído en su Nissan Juke. Está vacío porque son las once de la mañana de un día cualquiera de una semana de primeros de marzo y los días cualesquiera de las semanas de primeros de marzo, a esta hora, la gente tiene otras cosas que hacer. No obstante, se dan situaciones extrañas: hace poco hemos visto pasar apresuradamente entre las tumbas a una señora con una bolsa de la compra de la que sobresalía una barra de pan. Como este cementerio es, por tamaño y por disposición, una auténtica ciudad, nos hemos preguntado, claro, si habrá en alguna parte un Carrefour para los difuntos que mantengan, por inercia, las costumbres de cuando estaban vivos.

Hace frío y sol.

Le pregunto a Arsuaga qué hacemos aquí y dice que el cementerio es un buen sitio para escribir el último capítulo de nuestro libro.

—Todo acaba con la muerte, ¿no? —concluye.

—No sé si todo —digo—, pero me estimula el paseo. Me relaja la tranquilidad de estos lugares.

—Además, luego te voy a hablar de algo muy interesante.

—¿El qué?

—Cada cosa a su tiempo. Ahora déjame que consulte el plano, que estoy buscando una tumba.

Mientras consulta el plano, continúa hablando. Dice:

—En España hay dos cosas que se expresan con las mismas palabras: «Tengo una tumba en propiedad» y «Tengo mi plaza en propiedad». Esta última frase la decimos mucho los funcionarios y solemos completarla con esta otra: «Porque ya he tomado posesión».

—Pues de la toma de posesión al cementerio hay dos pasos —digo.

El paleontólogo, que es catedrático, hace un gesto de conformismo, que no de resignación. Desde que he descubierto su lado budista, interpreto sus expresiones de otro modo.

Pese al plano, andamos perdidos, como por un laberinto. Después de dar varias vueltas, acabamos de nuevo frente a la tumba de Luisito.

—No saldremos de aquí nunca —digo.

—Es lo que le suele pasar a la gente que entra —agrega Arsuaga señalándome una zona desmantelada en la que los nichos, abiertos y desocupados, nos observaban como ojos oscuros—. Esos nichos vacíos deben de ser los adquiridos a perpetuidad. Creo que la perpetuidad, en los cementerios, dura noventa años. Luego, si no los reclama nadie, llevan los restos a un osario común, y vuelven a vender el nicho.

—Hasta esa perpetuidad obsolescente —digo yo— dura ya más que la posteridad.

—Me parece que el que está obsesionado con la posteridad eres tú —apunta.

En esto pasa un coche del cementerio con un funcionario en su interior. Se detiene porque nos ve cara de despiste.

—¿Buscan algo?

Arsuaga le enseña un punto del plano y el hombre nos invita a subir.

—Yo los llevo —dice—, porque se van a perder, esto es gigantesco.

Ya en el coche, nos explica la disposición de los barrios del cementerio, divididos en «cuarteles» y «zonas». Luego le pregunto si hay mucho turismo en la Almudena y responde que sí, que a veces vienen en grupos, con guías.

—Querían poner uno de esos autobuses descapotables de dos plantas, como los que se ven por el centro de Madrid, pero no sé qué pasó.

Tras atravesar diferentes «cuarteles», llegamos por fin a la tumba que venía buscando el paleontólogo y que no es otra que la de Ramón y Cajal. Nos bajamos del coche y nos plantamos frente a ella con actitud respetuosa. En la lápida, entre otros nombres y otras fechas, leemos: «Santiago Ramón y Cajal 1852-1934».

—Está abandonadísima —dice el paleontólogo con tristeza.

—¿Son ustedes familiares? —pregunta el funcionario.

—Algo así —respondo yo frente al silencio ensimismado de Arsuaga, que revisa los cimientos de la sepultura y comprueba la solidez del conjunto.

Al fin pregunta:

—¿Cuánto costaría sanearla?

—Habría que quitar humedades..., no sé —calcula el funcionario—. El frontal es de un ladrillo que se humedece y cede con la lluvia... Yo diría que unos mil euros. Si se renuevan las letras, que están muy deterioradas, mil doscientos en total.

—Fíjate —dice Arsuaga mientras saca fotos del enterramiento con su móvil—, la base está llena de hormigas.

El funcionario se retira respetuosamente tras entregarnos una tarjeta.

—Ramón y Cajal —se desahoga entonces el paleontólogo—, a quien este hombre no conocía, y del que en general se piensa que es un premio nobel del montón, es uno de los mayores genios que ha conocido nuestra especie. Está a la altura de Newton, de Einstein, de Darwin..., entre las cinco o seis personalidades más importantes de la historia de la humanidad. Es el autor más citado de la ciencia mundial en las revistas científicas, mucho más que Newton.

Me viene a la memoria el asunto de la posteridad, pero no digo nada porque veo al paleontólogo un poco alterado. Así que permanecemos frente al sepulcro en un silencio que vuelve a romper él.

—Leí en algún sitio que la Academia de las Ciencias había denunciado la situación de la tumba y que exigía que el Estado tomara cartas en el asunto —dice—. ¡Pero, por Dios, si solo son mil doscientos euros! Creí que hablaban de millones. Podría pagarlo la misma Academia. Me dan ganas de pagarlo yo. ¿Es o no es una risa lo que cuesta?

—Sí —digo—, es una risa.

—¿Te imaginas que la tumba de Newton estuviera así? Lo tienen en la abadía de Westminster, igual que a Darwin.

—España y yo somos así, señora —declamo.

—Toda la carrera científica de Ramón y Cajal fue un combate entre dos teorías contrarias para explicar el funcionamiento del cerebro: el neuronismo y el reticularismo. Él defendió la teoría del neuronismo, que se demostraría como cierta.

En esto, incomprensiblemente, pasa un joven en calzón corto y camiseta haciendo *footing*. El paleontólogo y yo cruzamos una mirada de incredulidad.

—Debe de ser —digo— el hijo difunto de la muerta que venía de la compra.

El comentario, que intenta ser gracioso, no ha hecho mella en Arsuaga, que sigue enganchado al malestar.

—Yo —continúa— hice todo lo posible para que el Estado español adquiriera la casa en la que murió Cajal, que está en Alfonso XII cerca de Atocha. Todo su mundo se encontraba en los alrededores de Atocha. Allí tenía su laboratorio y, a dos pasos, la facultad. La heredaron sus hijos, luego sus nietos y finalmente la pusieron a la venta. Un día me colé en ella y la vi tal como la habían dejado.

—¿Y qué pasó?

—Nada. Lo intenté por todos los medios habidos y por haber. Llegué casi hasta la Secretaría de Estado... También se lo propuse a una cadena de hospitales privados y al ministerio. Sé que se enteraron de la propuesta, pero no les salió de los cojones. La compró una inmobiliaria mexicana que la ha convertido en pisos de lujo que puedes ver en la web de Idealista. Me parece que en la fachada han dejado la placa que había, una de esas de «Aquí vivió y murió don Santiago Ramón y Cajal, etcétera».

—¿Es qué año fue eso?

—En 2018. Con dos huevos. Para cargarte la casa de Newton o de Darwin hay que tenerlos grandes de verdad. Y cuadrados. ¡A tomar por culo la casa de Ramón y Cajal! Y la tumba, que solo vale mil doscientos euros arreglarla, ya ves cómo está.

—Muy triste, sí.

El paleontólogo me toma del brazo y comenzamos a alejarnos de la sepultura del genio.

—Esta visita —dice— nos sirve por lo menos para introducirnos en el asunto que te quería explicar.

—Tú dirás.

—Cajal tiene un libro precioso que se titula *El mundo visto a los ochenta años.* Cuenta en él cómo se siente en la vejez. La vejez y la muerte son dos de los grandes problemas de la ciencia. ¿Por qué envejecemos y por qué morimos?

—Bueno —digo—, ahora se dice que la vejez es reversible. Muchos investigadores hablan de ella como de una enfermedad curable.

—Exactamente. ¿Pero cómo es que cada especie tiene su vejez? ¿Por qué la vida de un conejo es de cinco años y la de un humano, de noventa? ¿Dónde está ese reloj? ¿Hay una programación? Si fuera una enfermedad, ¿se podría transmitir? ¿Sería contagiosa?

—Pues no sé —titubeo.

—La gente habla por hablar —afirma Arsuaga—. Ahora vamos a hablar con seriedad.

—Vale —convengo.

—¿Por qué tenemos que morir? ¿Por qué las células de todos los órganos no se autorreparan para evitarnos la muerte del mismo modo que se reparan cuando nos hacemos una herida? Sentémonos en ese banco.

Nos sentamos en un banco de piedra un poco frío para mi gusto, pero decido no quejarme.

—Dímelo tú.

—¿Que te diga qué?

—Arsuaga, ¿te has dado cuenta de que tienes ausencias?

—Ausencias cómo.

—Yo diría que de carácter budista. De súbito te evades como si entraras en uno de esos trances de la meditación trascendental. Te admiro por eso.

—No digas tonterías. ¿Qué querías que te dijera?

—El porqué del envejecimiento y de la muerte.

—No se sabe. Son los dos grandes enigmas de la ciencia. Los mayores enigmas de la biología a partir de Darwin.

—Pues creí que me ibas a hacer una gran revelación.

—Mira —dice volviendo la vista absurdamente a derecha e izquierda, como el que está a punto de confesar un secreto—, como nos vamos a hacer ricos con este libro, llevaremos a cabo una investigación en el siguiente. Viajaremos por todo el mundo, iremos a los mejores sitios, haremos las preguntas adecuadas y publicaremos el estudio más exhaustivo que se haya realizado nunca sobre la vejez y la muerte.

—Mejor vamos a caminar —digo, porque me estoy quedando frío.

Nos levantamos. El paleontólogo sigue hablándome al oído, como si los muertos pudieran escucharnos.

—No debemos desvelar estas claves ahora porque constituirán el núcleo de nuestro próximo trabajo.

—Pero no estaría mal que avanzáramos algo.

—Me parece una pena destripar lo que en su día podría ser una bomba. Tendremos que viajar mucho, indagar mucho, porque el asunto está lleno de derivadas.

—¿Crees que la inmortalidad da para un libro?

—Da para una biblioteca —dice riéndose—. Otra cosa es que sepamos contarlo con gracia, que yo creo que sí. Ahora en serio: vamos al asunto que nos ha traído hasta aquí.

—Todavía no sé cuál es.

—La longevidad y la esperanza de vida.

—Ya —digo decepcionado.

En esto, pasa por delante de nosotros un autobús vacío, el 110.

—No sabía que hubiera autobuses en el cementerio —dice Arsuaga.

—Yo tampoco.

—¿Qué número era?

—El 110.

—¿Existirá el 666?

Me río. Nos reímos.

—La selección natural —continúa Arsuaga— consiste en la supervivencia de los mejores. Hemos tenido cuatro mil millones de años para seleccionar a los mejores. ¿Cómo es posible entonces que seamos una mierda? ¿Cómo es posible que nos mate un virus? ¿Por qué solo duramos noventa años? ¿Qué pasa aquí?

—Es lo que digo yo: ¿qué pasa?

—Ya lo averiguaremos. De momento, vamos a lo que íbamos, que era...

—Ver la diferencia entre la esperanza de vida y la longevidad.

—Muy bien. Si este asunto sobre el que hay tanta confusión queda meridianamente claro, me doy por satisfecho.

—¿La longevidad no depende del aumento de la esperanza de vida?

—Eso es un disparate. La longevidad, toma nota, es una propiedad de la especie. Cada especie tiene la suya. El perro vive en torno a quince años; el gato, un poco más; el elefante, setenta, igual que la ballena o el delfín. Por ahí andan las cosas.

—Según eso, ¿la longevidad de nuestra especie no ha cambiado? ¿Era la misma hace trescientos años o tres mil que ahora?

—Y tanto. Era la misma, aunque la esperanza de vida en 1900, por ejemplo, era de treinta años.

—¿Y cómo se explica esa contradicción?

—Me paso la vida intentando que lo entiendan mis alumnos: se explica por la mortalidad infantil. Lo que llamamos esperanza de vida de una población es en realidad la edad media de muerte de sus individuos. Si la mortalidad infantil es muy alta en una época, la media baja y al revés.

—O sea, que la longevidad en la Edad de Piedra era, para la especie humana, la misma que ahora, solo que morían muchos niños.

—Exacto.

—No era tan difícil.

—Pues estoy seguro de que lo olvidarás y tarde o temprano volverás a decir que nuestra generación vive más años que la de nuestros padres.

—Es que la percepción es esa.

—Es que la percepción engaña. Recuérdalo: la esperanza es el número de años que, estadísticamente hablando, te quedan de vida, y no son los mismos si los calculas cuando tienes un año que cuando tienes sesenta. Cambia todo el rato. La mortalidad infantil es brutal en todas las especies de mamíferos, en la nuestra también. En el Paleolítico no se vivía treinta años, como suele decirse, sino que la mortalidad infantil era muy alta y el promedio de muertes arrojaba esa cifra.

—Entonces, ¿un hombre de Altamira no era un viejo ya a los treinta años?

—¿Qué dices? Estaba mejor que uno de cincuenta de hoy. Se pasaba la vida haciendo ejercicio, comía carne magra, vivía al aire libre, sin contaminación. No tenía un gramo de grasa. La medicina recomienda ahora llevar una vida como la del Paleolítico.

—Pues yo siempre he oído que envejecían antes.

—Es lo que estoy intentando quitarte de la cabeza, pero seguro que cuando llegues a casa me llamarás por teléfono para que te lo explique otra vez.

—La percepción general —insisto— es que cada generación vive más que la de sus padres.

—Porque la gente no sabe nada de estadística, que es una ciencia maravillosa —replica Arsuaga—. La estadística es poesía, es música.

—No es lo que aseguran los estudiantes. Es una asignatura muy odiada.

—Porque no le pillan el truco. Hay que tener la mente dispuesta de determinada forma. Hay gente que no pilla el solfeo. Pongamos que tú me dices que va a venir a vernos un etíope.

—Vale: va a venir a vernos un etíope.

—Pues yo, sin verlo, te digo que va a medir entre tanto y tanto y acierto en el noventa y cinco por ciento de las veces. ¡Puedo saber lo que mide un etíope que no conozco! ¿No te parece maravilloso?

—Visto así... —vacilo.

—Y todo gracias a la estadística, que es de lo que viven estupendamente las compañías de seguros.

—Entonces, ¿la teoría de que cada generación vive un año más respecto de la de sus padres...?

—No me fastidies, acabo de explicártelo. Para nuestro próximo libro iremos a visitar una fábrica de coches. ¿No te has dado cuenta de que a los coches hay un momento en el que empieza a fallarles todo, cuando no es una cosa es otra?

—Sí, menos a tu Nissan Juke.

—En la fábrica Ford, cuando estaban a punto de sacar el modelo T, que fue el primero en fabricarse en serie para su venta masiva, Ford preguntó a sus ingenieros cuál era la pieza que menos resistía del modelo. Le mostrarían una, la que fuere, porque yo no entiendo nada de mecánica. «¿Cuánto dura esa pieza?», preguntó. «Cuatro años», le contestaron. «Muy bien», respondió, «quiero que el resto de las piezas duren lo mismo». En otras palabras, no estaba dispuesto a fabricar piezas que duraran cien años, si iban a acabar a los cuatro en el chatarrero.

—¿Algo así pasa en el cuerpo humano?

—Claro. Nosotros podemos hacer que un órgano dure más artificialmente porque disponemos de tecnología para eso. ¿Pero para qué quiero seguir vivo si no me funciona el cerebro? La naturaleza es sabia. Ha economizado, como Ford.

—Está bien visto —digo.

—Haremos esa investigación en las fábricas de coches y en los gimnasios de todo el mundo porque yo quiero saber por qué me voy a morir.

—A lo mejor para ti, que eres más joven que yo, se resuelve la cosa. La genética está muy avanzada.

—La regeneración no, los procesos regenerativos no están tan avanzados —afirma Arsuaga.

—¿Cómo que no? —me rebelo—. Hice un reportaje sobre ese gusano, el elegans, cuyo proceso de envejecimiento es muy parecido al nuestro, y resulta que se le ha conseguido alargar la vida una barbaridad, lo mismo que a la mosca del vinagre. Viven más y mejor que los de su especie.

—En el laboratorio. No sabemos qué les pasaría en la naturaleza. Vivir más tiene un precio muy alto, no se consigue gratis, porque un organismo es un todo integrado. La idea de vivir más sin pagar un precio no es biológica. Todos esos animalitos que se han mutado para que duren más no sobrevivirían dos minutos en la naturaleza.

—Pero los seres humanos, en cierto modo, vivimos en un laboratorio.

—En un laboratorio puede ser, pero no en un hospital, intubados por todos los orificios de nuestro cuerpo. Un ratón de laboratorio es una desgracia de ratón. Yo no quiero ser una desgracia de humano.

—Vale —digo—, me rindo.

—Nos vienen prometiendo la inmortalidad desde que el mundo es mundo, de diversas formas —insiste el paleontólogo—. ¿Qué diferencia hay entre el que te dice que vas a vivir ciento veinte años sin ningún costo y el que te promete un paraíso en el que estarás rodeado de cien huríes? ¿Cuál es la diferencia? La única verdad es que los dos profetas pertenecen a la misma categoría de sinvergüenzas. Me preocupa que quede esto claro, porque este es el último capítulo del libro y quiero que se cierre bien.

—No te apures, seré fiel a tus palabras.

—Pues aquí lo dejamos, que llego tarde a una reunión.

Caminamos juntos hasta la salida del cementerio, donde nos despedimos con un abrazo inusual, pues el paleontólogo siempre mantiene las distancias.

Ya en casa, lo llamo por teléfono:

—Oye, Arsuaga, estoy repasando mis notas y no acabo de entender la diferencia entre longevidad y esperanza de vida.

El paleontólogo suelta un bufido que no me parece nada budista.

—Es broma —me apresuro a decir.

Tras la extraordinaria acogida de *La vida contada por un sapiens a un neandertal*, el tándem más brillante de la literatura española vuelve a deslumbrar al lector abordando temas como la muerte y la eternidad, la longevidad, la enfermedad, el envejecimiento, la selección natural, la muerte programada y la supervivencia.

Humor, biología, naturaleza, vida, mucha vida... y dos personajes fascinantes, el sapiens y el neandertal, que nos sorprenden en cada página con sus agudas reflexiones sobre cómo nos ha tratado la evolución como especie. Y también como individuos.

«Arsuaga y Millás charlan, se interrogan, nos divierten y nos hacen comprender. Y nos sirven un delicioso juguete armado por la prosa deslumbrante de Millás. Un artefacto perfecto para celebrar la inteligencia y la curiosidad».

Vanity Fair

«Se une la erudición brutal de Arsuaga a la capacidad interpretativa y narrativa de Millás».

ANDREU BUENAFUENTE

Este libro se terminó
de imprimir en
Móstoles, Madrid,
en el mes de
septiembre de 2024